동자동, 다

쪽방촌 공공

일러두기

• 이 책은 연세대학교 문화인류학과에서 2022년도 1학기에 진행된 〈빈곤의 인류학〉 연구 프로젝트를 토대로 쓰였다.

• 현장연구에서 만난 인터뷰 참여자 중 실명 게재를 허락해준 이들은 실명으로, 나머지는 소속 기관과 알파벳 또는 가명으로 표기했다. 존칭은 가독성을 위해 생략했고, 인터뷰 날짜는 익명성 보호를 위해 적지 않았다.

• 참여관찰 기록이나 인터뷰 등에서 구술이나 진술을 직접 인용한 부분은 어문 규정에 맞지 않거나 문장상의 오류가 있더라도 그대로 적었다.

• 본문의 도판 중 따로 출처나 제공처를 밝히지 않은 사진은 저자가 촬영한 것이다.

동자동, 당신이 살 권리

쪽방촌 공공개발과 주거의 미래

조문영 엮음
빈곤의 인류학 연구팀 지음

글항아리

"추운 겨울에 씻지도 먹지도 자지도 못하며 갈 곳도 없습니다. 3일간 추운 겨울을 길에서 보냈고 내일이 오는 것이 두려워 자살을 선택합니다." 2018년 12월 서울 마포구 아현동 철거민 박준경이 남긴 유서다. 내가 감히 유서를 교열할 순 없지만, 그가 죽음을 '선택'했다는 말만은 고치고 싶다. 박 씨가 보증금 200만 원에 월세 25만 원을 내며 어머니와 10년 동안 살던 집은 아현2구역 재건축사업으로 강제철거 대상이 됐다. 그해 9월 강제집행으로 열평 남짓한 방에서 퇴거당한 박 씨와 그의 모친은 아직 철거가 이뤄지지 않은 이웃집을 전전하며 살았고, 그마저도 여의치 않아지자 따로 떨어져 각자의 잠자리를 찾아야 했다. 용역 직원들이 빈집에 머물던 박 씨를 끌어낸 건 11월의 마지막 날이었다. 어머니는 박 씨를 만나 추우니 찜질방에 가 있으라며 5만 원을 건넸으나, 아들은 나흘 후 주검으로 발견됐다. 그는 유서에 어머니를 향한 미안함을 꾹꾹 눌러 담았다. "저는 이렇게 가더라도 어머니께는 임대아파트를 드려서 저와 같이 되지 않게 해주세요."

"임대주택 건설 결사반대" 현수막을 아파트 벽면에 병풍처럼 두른 서울 곳곳의 주거단지를 지날 때마다, 임대주택이 노른자 땅에 들어선다는 사실이 기사화되고 중산층의 시위를 촉발할 때마다 나는 박준경의 유서를 떠올렸다. 이 '저항자'들은 (공공)임대아파트가 누군가의 유서에 등장할 만큼 간절한 단어임을 알까? 나라가 민주화되고 선진국 반열에 오른 뒤에도 영구임대·공공임대주택은 언제나 턱없이 부족했다. 공공임대주택에의 염원을 권리로 쟁취해내고자 기울인 오랜 노력을 비웃기라도 하듯, 집을 둘러싼 한국 사회의 공론장은 늘 부동산만을 전면에 내세웠고, 소유주의 재산권이 인간의 주거권에 선행한다는 주장을 공리로 만들었다.

그러던 중 정부가 뜻밖의 계획을 발표했다. 용산참사 11주기였던 2020년 1월 20일, 국토교통부·서울시·영등포구가 '영등포 쪽방촌 주거환경 개선 및 도시정비를 위한 공공주택사업 추진계획'을 밝힌 것이다. 쪽방 주민의 이주를 돕는 것은 물론 자활, 상담, 무료 급식, 진료 등의 서비스를 제공해온 돌봄시설의 재정착을 지원하겠다고도 했다. 같은 해 4월 22일 발표된 '대전역 쪽방촌 도시재생 방안'도 마찬가지였다. 그리고 이듬해 2월 5일, 국토부·서울시·용산구는 '서울역 쪽방촌 주거환경 개선을 위한 공공주택 및 도시재생사업 추진계획'을 발표했다. 이 책에서 다루는 이른바 '동자동 사업'이다. 총 건설 호수 2410호 중 1250호를 공공임대 물량으로 제공키로 한 이 사업은 쪽방 주민이 대다수인 세입자의 재정착을 지원하는 내용도 담고 있다. 공공주택을 먼저 지어 세입 자들을 정착시킨 뒤 민간 분양 주택을 건설하는 '선先이주 선善순 환' 방식을 채택한 것이다. 영등포 공공주택사업을 필두로 발표된 이 같은 쪽방촌 정비사업은 국가가 주거를 모든 시민의 당연한 권 리로 인정하며 개발이 곧 내쫓김이던 한국 도시빈민의 역사를 새 로 쓴 하나의 사건이었다.

실로 놀랄 만한 일이었다. 살던 곳에서 거듭 쫓겨나다 쪽방촌에 정착하게 된 주민들도, 오랫동안 주거권 실현을 위해 싸워온 반反 빈곤운동 단체들도 (한 주민의 말대로) "희망이란 걸 가져봤다". 하 지만 이 사건은 이제 쪽방촌 주민들 사이에서 희망고문으로 불린 다. 이 책을 마무리하는 2023년 3월까지, 사업은 그다음 단계인 공공주택지구 지정도 하지 못한 채 표류 중이다. 지난 2년간 동 자동에서 이뤄지는 공공개발을 두고 다양한 말, 글, 행동이 분출 됐다. 민간개발을 통한 분양 수익의 극대화를 기대했던 소유주들 은 정부 결정을 사유재산에 대한 중대한 침해로 간주하고 저항했 다. "내 무덤 위에 공공임대를 지어라" "제2의 용산참사 피바람 각오하라" 같은 현수막이 쪽방촌 건물을 뒤덮었다. 청와대 국민 청원, 삭발 시위, 국토부 장관 자택 앞 1인 시위, 국회의원과 공무 원 로비, 법적 소송이 잇따랐다. 온라인 부동산 커뮤니티에도 "여기서 밀리면 끝"이라며 공공개발을 성토하는 글이 쏟아졌다. 동자동 내부에서는 공공개발을 개발이익의 새로운 프런티어(파텔·무어 2020)로 삼은 또 다른 소유주들이 민간개발로의 전환을 촉구하는 소유주들과 갈등하고 때로 정부와 전략적 동맹을 도모하면서 '쪽방 세입자 대 소유주'라는 구도에 균열을 냈다. 동자동 쪽방 주민들과 주거권운동 활동가들도 정부의 결단을 그저 앉아서 기다리기만 한 건 아니었다. 이들은 집회, 1인 시위, 기자회견, 항의 방문, 성명 발표 등 다양한 방법을 통해 공공개발의 흔들림 없는 추진을 요구했다. 오래 질병을 앓아왔거나 장애가 있어 거동이 불편한 주민들이 국토부 청사가 있는 세종시를 직접 찾아가 연명일 뿐인 삶을 강요하는 쪽방 환경의 열악함을 실거주자의 시선으로 고발하고, 신속한 사업 추진을 촉구하기도 했다.

동자동은 더 이상 서울시 용산구의 한 행정구역, 가난한 사람들이 밀집한 특정 동네로만 정의되지 않는다. 이제 그곳은 한국 사회의 빈곤, 주거, 개발을 둘러싼 모순이 응축된 '핵심 현장'(백영서 2013)이 됐다. 또 1인당 국민소득이 3만 달러를 넘어선 지 오래인데도 누군가는 가난하다는 이유만으로 창문 없는 고시원, 원룸, 반지하에서 주검으로 발견되는 나라, 팬데믹과 기후재난이 전면화됐음에도 성장, 개발, 부동산 서사가 공론장을 잠식한 나라에서 미래를 논하는 게 어떤 의미를 갖는지 되묻는 현장이기도 하다.

빈곤을 둘러싸고 다양한 이해관계가 첨예하게 부딪치는 과정을 외부인이 '중립적'으로 조망하며 각 집단의 입장을 '공평'하게 나

열한다는 건 과연 합당한 일일까? 갈등, 타협, 동맹의 정도를 다르게 만드는 집단의 위계와 공론장의 비대칭성을 포착하고, 예측 불허의 상황이 거듭 발생하는 정책 결정 과정에서 새로운 가능성을 발견하고, 관찰자·비판자인 동시에 참여자·연루자이기도 한 '우리'의 감각을 날카롭게 벼릴 수 있는 접근(조문영 2022b)이 더 필요하지 않을까? 이것이 나와 학생들이 수업이라는 제한된 형식을 활용해 동자동을 중심으로 인류학 현장연구를 수행한 배경이다.

    2022년 1학기에 개설된 〈빈곤의 인류학〉 수업에서 우리는 아래 두 질문에 대한 답을 찾기로 했다. 첫째, 정부의 동자동 공공주택사업 발표는 어떻게 가능했나? 우리는 집이 "불평등을 만들고 재생산하는 고리인 동시에 그 결과를 떠안은 가난한 이들을 비참으로 내모는 핵심적인 재화"가 된 한국 사회에서(김윤영 2022: 12) 서울의 노른자 땅에 공공임대 1250호를 짓겠다는 발표를 할 수 있게 했던 조건과 행위의 얽힘을 들여다보고자 했다. 둘째, 동자동 공공주택사업이 마주한 난관은 무엇이며, 어떤 논의와 개입이 필요한가? 전술했듯 정부 발표 이후 공공개발은 이해관계자들 사이에서 쟁점으로 부상하며 기존 정치권의 진영 대립은 물론, 고용관계보다 자산 매입 능력이 부와 불평등의 핵심이 된(애드킨스 외 2021) 금융자본주의 시대를 살아가는 시민들 간의 긴장과 갈등을 고스란히 드러냈다. 집을 보편 인권이 실현되는 장으로 자리 잡게 하려는 반빈곤운동의 실천과 집을 '세습 중산층'(조귀동 2020)

의 밑천이자 일상적인 투자 문화의 일환으로 취급하는 대중적 세계상이 충돌하고 있다. 지난 반세기 한국 재개발 현장에서 숱하게 목격됐던 정부 대 세입자 주민의 대립과 사뭇 다른 풍경이다. 하지만 전선이 복잡해졌어도 달라지지 않는 것은 가난한 사람들의 비참이다. 개발 방식을 둘러싼 대립으로 정부가 2021년 12월로 예정됐던 지구 지정을 무기한 연기하고 당국 내부에서도 서로 책임을 미루는 사이, 동자동 쪽방촌에서는 부고가 수시로 날아들었다. 사업이 발표된 2021년 2월 5일부터 2년 동안 (동자동사랑방마을주민협동회 집계로만) 주민 60명이 세상을 떠났다. 오랜 기간 가난으로 몸이 축난 사람들에게 예측하기 어려운 개발의 시간은 더욱 가혹했다.

무엇이 정부의 공공주택사업 발표를 가능케 했고, 무엇이 사업의 진행을 굴절시키고 있는지 이해하기 위해 우리는 팀을 나누어 한국의 주거·개발 정책, 반빈곤·주거권 운동, 부동산 문화, 동자동 쪽방촌 커뮤니티를 공시적·통시적으로 살폈다. 그 과정에서 전직 국토부 장관 및 주무관, 한국토지주택공사LH 담당자, 관련 연구자, 활동가, 소유주, 쪽방 주민과 상인 등 다양한 행위자를 만났다. '정책팀'은 다른 쪽방촌을 둘러보고 정부나 공기업 관계자를 인터뷰하기 위해 대전, 진주, 세종으로 행보를 넓혔고, '쪽방촌 커뮤니티팀'은 주민자치조직을 운영해온 이들과 함께 일상적인 지역 활동에 참여하며 현장연구를 진행했다. 우리는 두 달여의 현장연구를 토대로 보고서를 작성하고, 후속 연구와 인터뷰 참여자들의

피드백을 거쳐 책 작업을 진행했다.[*]

이 책은 3부로 구성되어 있다. 1부에서는 동자동 공공주택사업 발표를 가능케 한 역사적 조건을 정부 정책과 사회운동의 교차 속에서 살핀다. 1장은 사업 진행 과정에 직간접적으로 참여한 정책 결정자, 시행자, 연구자와의 인터뷰 및 관련 자료를 토대로, 도심 (재)개발 정책의 역사적 흐름, 동자동 지역의 물리적 환경, 사회적 참사를 둘러싼 공론장, 사회운동 – 정책 – 연구의 네트워크 등이 어떻게 얽히면서 정부 정책에 영향을 미쳤는지를 탐색한다. 2장은 공공개발 결정이 정부의 시혜적인 선물이나 이례적 사건이 아닌 오랜 반빈곤 실천의 성과임을 강조하면서 여전히 생성 중인 주거권운동의 역사를 톺아본다.

2부는 개발 과정에서 공공과 사유가 부딪치는 지형을 자세히 들여다본다. 3장에서는 공공주택사업의 동학을 서울역·영등포·대전역 공공주택사업 간의 비교, 소유주들 또는 소유주와 정부·공

• 인터뷰 참여자들 가운데 실거주와 상관없이 동자동 개발구역에 집이나 땅을 소유하고 있는 이들에게는 추가적인 피드백을 구하지 않았다. 재산권이 주거권에 선행할 순 없다는 이 책의 기본 입장을 고려할 때 불가피한 선택이었다. 공공의 관심사를 연구하고 학계 바깥의 대중과 마주치면서 논쟁적인 대화를 촉발시키는 공공인류학public anthropology에서 인류학 연구자들은 위험을 감수할 수밖에 없으며, 연구자 윤리와 기자 윤리 사이의 모호한 문턱에 놓이기도 한다(Fassin 2017). 추가 피드백을 구하지 않는 대신, 우리는 재산권 수호에 앞장선 소유주들을 익명화하고, 이들의 주장을 맥락화하면서 집단 내부의 다양성을 보여주고자 노력했다.

기업 간 갈등과 동맹, 쪽방촌 정비사업의 근거가 되는 법의 모호성과 탄력성을 통해 탐색한다. 정책 형성 과정의 역동과 탄력성은 다양한 행위자가 어떻게 새로이 연결되는지에 따라 공공의 풍경이 달라질 수 있음을 시사한다. 4장에서는 공공개발에 대한 동자동 소유주들의 반감에 불을 지핀 부동산 문화를 온라인 부동산 커뮤니티를 중심으로 살핀다. 집─부동산을 배타적 생존과 자산 증식의 활로로 삼는 실천이 개인적 '노력'과 집단적 '연대'로 서사화·정당화되면서, 소유주·투자자에게 공공은 성가신 방해물로 전락했다.

3부에서는 동자동 사업의 당사자인 쪽방 주민들이 본격적으로 등장한다. 5장은 동자동에서 만난 소유주들의 다층적 면모를 드러냄과 동시에, 단일한 모습으로 그려지는 소유주들의 이미지라는 것도 부동산 투기를 비판하는 여론뿐 아니라 개발이익을 좇아 결속하려는 그들 스스로의 의지가 작동한 결과임을 보여준다. 6장에서는 동자동 주민 자조조직 중 하나인 동자동사랑방마을주민협동회의 역사와 활동을 중심으로, 정부가 강조한 '쪽방 세입자를 위한 임대주택' 서사에서 지워진 가난한 사람들의 몫과 권리, 기여를 논한다. 저마다 다른 공공을 외치는 공공개발 현장에서 쪽방 세입자들이 만들어가는 공공의 의미를 살피고, 이들이 쪽방 안팎에서 혈연가족을 넘어 확장해온 돌봄 네트워크로서의 집을 환기한다.

현장연구 과정에서 우리는 정부 발표 이후 '동자동공공주택사업추진주민모임'을 발족해 목소리를 내온 쪽방 주민들, 활동가들과 특별히 긴밀한 관계를 맺었다. 다양한 모임과 행사에 참여하고, 때로 준비를 도우면서 그들이 일상을 함께 도모하고 견디며 직조해가는 과정을 잠시나마 가까이서 지켜봤다. 빈곤과 불평등은 "숫자로 축약할 수 있는 조건도, 스냅숏으로 관찰할 수 있는 현상"도 아니며, 오히려 부단한 과정이자 고된 분투에 가깝다(조문영 2022b: 144). 개발이라는 사건은 소외와 배제의 경험이 누적되는 '빈곤 과정'을 거치며 취약해진 주민들에게 의심과 반목을 부추겼다. 하지만 쪽방촌에서 우리가 더욱 빈번하게 목격한 것은, 국가가 죽지 않을 정도로만 관리해온 기초생활수급자들이 공공주택사업으로 (누군가는 진부하다 하겠지만 이들에겐 한없이 낯설었던) '미래' '꿈' '희망' 같은 긍정의 단어들을 새롭게 인식하게 된 모습이었다. 특히 자조조직에서 활동하는 주민들과 활동가들은 동자동을 "'정상'에서 이탈한 사람들이 관계 맺음을 통해 '정상성'을 회복하는 공간이 아니라, '정상적'인 생애 경로를 착실히 밟은 사람들이 애초에 포기한 '공동의 미래'를 더디고 힘겹게 만들어가는 공간"으로 다시 바라보게 했다.[1] 이 공동의 미래란 단선적이고 목적론적인 진보, 성장, 발전의 꿈과는 다르다. 일용직 노동자나 수급자가 모여 사는 일본 요세바寄せ場에서 인류학자 김지은이 포착했듯, 취약한 사람들이 개인의 기적적인 회복보다 집합적 생존을 추구하는 과정, 각자의 고통에 의미를 부여하면서 한

없이 더디고 삐거덕거리는 삶의 리듬, 속도, 방향을 서로 조율해 가는 과정에 가깝다(Kim 2021). 낡은 쪽방이 철거되고 (정부가 사업 발표 당시 강조했듯) "명품 주거단지로 재탄생"할 동자동의 미래를 놓고 갑론을박하는 데 그치는 대신, 동자동 주민과 정부, 시민 모두가 '동자동이라는 미래'를 새롭게 구상해보면 어떨까? 정부와 정치권이 분배를 (생산의 방해 요소가 아닌) 핵심 국정 의제로 안착시킨 미래, 평범한 시민이 자산 축적의 욕망을 맹렬히 지피지 않아도 불안 없이 살아갈 수 있는 미래, 자원·기회·역량이 상대적으로 부족한 사람도 친구를 맞을 수 있는 (쪽방이 아닌) 집에서 사는 걸 당연한 권리로 여기는 미래를 함께 고민하고 실험해보면 어떨까? 그런 미래라면 '공공'도 더는 무시와 기피의 단어가 아니라, 이 나라와 지구에서 살아가는 모든 생명을 위한 준칙으로 통용될 것이다.

학부생들의 수업 보고서를 책으로 묶는 작업은 조심스러웠다. 학년, 전공은 물론 글쓰기나 현장연구 및 활동 경험도 천차만별에, 대학에 들어와 줄곧 비대면 수업만 듣던 학생들이 함께 현장연구를 수행하고 글을 쓰는 과정은 녹록지 않았다. 다른 수업보다 훨씬 더 많은 시간과 노고를 들였으나, 주거·개발 정책, 사회운동, 부동산 등 각 분야 전문가들이 보기에 미흡한 부분이 적지 않을 것이다. 하지만 저마다 제 분야에서 축적되고 익숙해진 지식, 언어, 스타일로 '개발'을 규정하고 목소리를 높일 때, 각자의 주장이 다른 대화자에게 가닿지 못할 때, 여러 분야를 서로 연결하고 교차시키며 그 배치를 들여다보는 작업이 상호이해의 폭을 넓히는 데 더 유용할 수 있다. 우리가 부족하게나마 시도해본 것은, 각자가 둘러 친 칸막이를 때로는 허물고, 때로는 그 사이를 연결하면서 칸막이 너머의 낯설고 다양한 삶과 역사를 발견할 기회를 만들어내는 일이었다. 행정 전문가가 기술적 언어로 중립화하고, 투자자 시민이 낙인과 혐오를 덧씌운 '공공'이란 단어가 거듭되는 강제이주를 감내해온 수많은 빈자에게 얼마나 간절한 것인지를 강조하고 싶었다.

우리가 책을 펴낸 것은, 공공주택사업이 기약 없이 표류 중인 상황에서 주거권 실현에 연대의 마음을 보태고 싶어서이기도 했다. 한국의 주거개발사에 한 획을 그을 만한 사업을 발표한 뒤 숨어버린 정부가 기다림의 잔혹성을 알게 되길 바랐다. 우리가 인터뷰한 어느 공기업 관계자는 기약 없이 늦춰지는 동자동 사업의 현 상황을 민주주의, 시민 참여의 자연스러운 풍경으로 해석했다. 만인이 열띤 토론을 벌이는 아름다운 장면을 상상해봄 직하나, 현실은 참여의 시간성이 갖는 위계를 분명하게 보여준다. 누군가가 정치적 셈을 하거나 부동산 추이를 살피는 사이, 집 아닌 집에 살다 몸이 상한 쪽방 주민들은 이웃의 부고를 주고받는 일을 일상으로 받아들이고 있었다. 사업 발표 이후 한없이 미뤄지고 멈춰버리는 시간이 건물주가 쪽방에 대한 최소한의 관리 의무마저 방기하는 시간, 가장 취약한 사람들의 고통을 방치하는 시간이 되는 역설은 피해야 하지 않을까.

현장연구 과정에서 다양한 사람들과 만났고, 적지 않은 도움을 받았다. 인터뷰와 참여관찰을 허락해준 모든 분께 깊이 감사드린다. 세계를 구축해내는 시선과 방식의 차이 때문에 연구자의 글은 때로 인터뷰 참여자의 기대와 어긋날 수밖에 없다. 비난이 아닌 비판critique의 태도를 견지하려고 노력했으나 부족함이 있다면 질정을 부탁드린다. 현장연구와 후속 작업을 재정적으로 지원해준 연세대 고등교육혁신원, 부족함 많은 글이 한 권의 책이 되기까지 정성껏 돌봐준 박은아·박지호 편집자, 백주영 디자이너에게도 깊은 감사를 전한다. 이 순간 투병 중인 동자동사랑방마을주민협동회 김정호 이사장님의 얼굴이 어른거린다. 잔뜩 긴장하며 쪽방촌을 처음 찾은 학생들을 너른 품으로 환대해주었던 그분이 병을 이겨내고 동료들과 함께 공공주택에 입주하는 날을 간절히 기다린다.

저자들을 대표하여

조문영

용어 설명

서울역 쪽방촌 정비사업

이 책이 핵심 현장으로 삼는 서울시 용산구 동자동을 배경으로 발표된 공공주택사업으로, 동자동 공공주택사업, 동자동 사업으로도 불린다. 국토교통부는 지난 2021년 2월 5일 서울역 인근 동자동 일대를 공공주택지구로 개발한다는 내용을 담은 사업 추진 계획을 발표했으며, 정식 명칭은 '서울시 동자동 공공주택지구 조성사업'이다. 이 사업은 '공공주택 특별법'에 근거, 공공주택지구를 지정해 진행되며, 토지수용 방식도 해당 법에 따라 결정된다. 사업 계획에 의하면 2030년까지 총 2410호(공공 1450호, 민간 960호)의 주택이 건설될 예정이나, 2021년 하반기로 잡혀 있던 지구 지정이 이뤄지지 못해 진행이 유예되고 있는 상황이다(2023년 3월 현재).

공공주택

한국토지주택공사LH 등 공공주택 사업자가 정부 재정, 주택도시기금의 지원을 받아 건설, 매입, 임차 후 공급하는 주택을 말한다. 공공임대(공공건설임대, 공공매입임대), 공공분양(지분적립형 분양주택 등) 유형으로 구분된다.

공공주택지구

건설하는 전체 주택의 50퍼센트 이상을 공공주택으로 공급하도록 국토부 장관이 지정·고시하는 지구를 뜻한다.

공공주택 특별법

공공주택 특별법은 주거 안정과 주거수준 향상을 목적으로 제정됐다. 공공임대주택에 대하여 '공공주택건설 등에 관한 특별법'과 '임대주택법'이 각기 다르게 규정하던 내용을 일원화하고, '준주택'에 대하여 공공주택의 규정을 준용하도록 2015년 8월 28일 '공공주택건설 등에 관한 특별법'을 일부 개정하면서 명칭을 '공공주택 특별법'(이하 공공주택법)으로 바꿨다. 이 법은 최초 제정 당시부터 지금까지 택지 확보, 주택단지 조성, 공공주택 공급 등 주택문제를 해소하기 위한 사업의 근거로 활용되어왔다. 특히 신도시 건설처럼, 도심 외곽의 그린벨트를 해제해 확보한 택지를 개발하는 주택사업의 근거 법령으로 활용되었다. 이 책에서 중점적으로 다루는 동자동 공공주택사업 역시 이 법에 근거해 시행될 예정이며, '공공주도 3080+'(대도시권 주택공급 획기적 확대 방안)에 속한 '도심 공공주택 복합사업'도 이 법령에 근거한다.

도시 및 주거환경정비법

'도시 및 주거환경정비법'(이하 도시정비법)은 1976년 도시재개발법 제정 이후 지금까지 기성 시가지의 노후·불량 주거지와 기반시설을 전면 정비하는 사업의 근거법으로 활용되어왔다. 세부 항목은 재개발사업, 재건축사업, 주거환경개선사업, 도시환경 정비사업 등으로 나뉜다. 도심 내 구역을 정비하고 개발하는 근거가 되는 법이기에, 관련 주체들의 이해관계 조정 과정이 수반된다. 따라서 공공주택법에 비해 지구 지정 및 인허가 과정을 포함한 사업 절차가 더욱 복잡하다. 조합 설립을 기반으로 하는 민간개발의 근거 법령으로 사용되었다.

주택 재개발사업

도시정비법을 근거로 하는 주택 정비사업 중 하나다. 정비 기반시설이 열악하고 노후·불량 건축물이 밀집한 지역의 주거환경을 개선하거나, 상업·공업 지역에서 도시 기능의 회복 및 상권 활성화를 위해 도시 환경을 개선하는 사업을 일컫는다. 이 법은 대부분 토지등소유자(재개발구역 내 토지 및 건축물 소유자)들이 조합을 설립하여 진행하는 민간재개발 방식으로 추진된다.

주택 재건축사업

주택 재건축사업 역시 도시정비법을 근거로 하는 주택 정비사업의 하나다. 주택재개발사업과 달리 정비 기반시설은 양호하나 노후·불량 건축물에 해당되는 공동주택이 밀집한 지역의 주거환경을 개선하기 위해 추진된다. 정비 기반시설이 비교적 양호한 구역에서 진행되는 사업이기에 재개발사업과 달리 주로 아파트 밀집 지역에서 시행된다.

건폐율과 용적률

건폐율은 대지 면적에서 건축물이 차지하는 비율을 의미한다. 예를 들어 '건폐율 50퍼센트'는 400제곱미터 대지에 건축물의 넓이가 200제곱미터를 초과할 수 없다는 뜻이다. 용적률은 대지 면적에 대한 건축물의 연면적 비율인데, 여기서 연면적은 건축물에서 각 층의 바닥 면적(지하 제외)을 합한 전체 면적을 뜻한다. 건폐율이 수평적 건축밀도를 말하는 것이라면, 용적률은 수직적 건축밀도여서, 용적률이 높을수록 건물을 더 높이 지을 수 있다.

기부채납

기부채납은 '공유재산 및 물품 관리법'에 따라 공유재산의 소유권을 무상으로 지방자치단체에 이전해 지자체가 이를 취득하는 것을 뜻한다. 주택 재건축사업을 할 때는 의무 기부채납 비율을 설정한다. 공공주도 3080+ 대책은 신속한 공공개발을 위해 토지소유자들에게 의무 기부채납 비율을 완화하는 혜택을 주고 있다.

동자동 공공주택사업 타임라인

2021.02.05 ● 국토교통부 '서울역 쪽방촌 정비사업(동자동 공공주택사업)' 발표

2021.02.19 ● 후암특계1구역(동자) 준비추진위원회, 동자동 공공주택사업 계획 반대 탄원서 제출 및 항의 시위 진행

2021.08.26 ● 동자동대책위원회*(민간개발 요구 소유주 측), 공공주택지구 지정 계획 철회 요구 삭발 시위 진행

2021.11.29 ● 동자동공공주택사업추진주민모임, 조속한 지구 지정 촉구 기자회견 진행

● 국토부 공공택지조사 관계자, "동자동 쪽방촌 공공개발 확실히 추진할 것" 발언

2022.02.24 ● 동자동공공주택사업추진주민모임, 동자동사랑방, 홈리스주거팀, 정부서울청사 앞 공공주도개발 계획 이행 촉구 기자회견 진행

2022.05.11 ● 동자동사랑방, 동자동사랑방마을주민협동회 '동자동 쪽방촌 선이주 선순환 공공주택지구 지정 촉구 결의대회' 진행

2022.05.31 ● 동자동대책위원회, 국토부 관계자 면담 및 민간개발안 제출

2022.06.14 ● 서울역쪽방촌대책위원회(공공개발 찬성 소유주 측), 공공주택지구 지정 촉구 및 토지등소유자가 모두 참석하는 설명회 요구 집회 진행

● 국토부 공공택지조사 관계자, "서울역 쪽방촌 정비사업, 올해 7월 내로 사업 방향 결론 낼 것" 발언

● 현장연구 당시 동자동 사업을 둘러싸고 두 소유주 집단이 팽팽히 맞섰다. 이 책에서는 두 단체를 각각 '동자동대책위원회'와 '서울역쪽방촌대책위원회'라는 가칭으로 부르기로 한다.

2022.09.22	홈리스주거팀, 쪽방 주민 재정착 대책 마련 및 서울시장 면담 촉구 쪽방 주민결의대회 진행
2022.11.23	이한준 신임 LH 사장, 기자간담회에서 "소유주가 원하는 방향으로 가는 것이 맞다" 발언
2022.12.05	동자동사랑방, 동자동사랑방마을주민협동회 'LH 사장 규탄 및 동자동 공공주택 추진 촉구 기자회견' 진행
2022.12.21	동자동사랑방, 동자동공공주택사업추진주민모임, 동자동사랑방마을주민협동회, 2022홈리스추모제공동기획단 동자동 성민교회에서 동자동 공공주택 토론회 주최
2022.12.29	국토부, 「국토부, 서울역 쪽방촌 '민간개발' 검토 나섰다」 기사(같은 날 『머니투데이』 보도)에 「서울역 쪽방촌은 공공주택사업으로 추진하고 있습니다」 보도자료 발표
2023.02.07	동자동사랑방, 동자동사랑방마을주민협동회 '동자동 쪽방 공공주택사업 계획 발표 2년, 신속한 사업 추진 촉구 기자회견' 진행
2023.02.11	동자동대책위원회, 원희룡 국토부 장관 자택 앞 '2·5 서울역 쪽방촌 공공주택계획' 철회 및 민간개발 검토 촉구 시위 진행

1부

정책과
운동의
교차

1장 서울역 앞 쪽방촌 공공개발

서울 한복판에 가난한 이들이 살아갈 집다운 집과 마을이 들어설 수 있을까? 2021년 2월 5일은 이 질문이 많은 사람에게 현실이 된 날이다. 이날 국토교통부와 서울특별시, 용산구는 선先이주 선善순환을 기치로 내세운 '서울역 쪽방촌 주거환경 개선을 위한 공공주택 및 도시재생사업 추진계획(동자동 공공주택사업)'을 발표했다.

"이게 꿈이냐 생시냐 싶었죠." 정부의 공공주택사업 발표 이후 우리가 만난 쪽방 주민들이 곧잘 했던 말이다. 오랜 시간 근근이 월세를 내며 살아온 자리에 공공임대주택이 들어선다는 기별은 개발을 내쫓김의 동의어로 여겨온 가난한 사람들에게 놀라운 소식이었다. 쪽방 주민들의 주거권 보장과 주거환경 개선을 끈질기게 요구해온 반빈곤운동 단체들도 일제히 환영 의사를 밝혔다.

물론 쪽방촌에 대한 정부의 대책이 그간 전혀 없었던 것은 아니다. 이전에도 리모델링 등 쪽방촌의 주거환경 개선을 위한 사업이 진행되기는 했다. 개인 재산을 공공 예산으로 정비한다며 제기된 형평성 문제를 차치하고라도 이런 사업에는 한계가 많았다. 리모델링 정도로 기본적인 생활조차 버거웠던 비주택을 의식주를 해결할 수 있는 어엿한 주택으로 탈바꿈시키기는 어려웠다. 기껏 사업이 시행돼도 그저 현상 유지에 그치거나 꾸준히 관리되지 못해 낙후되는 가구가 많았다. 그럼에도 리모델링을 했다는 이유로 임대료가 올라 오히려 주민이 내쫓기는 일도 있었다.

이런 상황에서 정부의 동자동 사업 발표는 쪽방촌 거주민의 주거권을 보장할 새로운 가능성을 제시했다. 쪽방 주민들을 구역 내 게스트하우스나 공원 내 모듈러 주택 등에 이주시킨 뒤 공공임대주택 단지를 조성해 재정착시킨다는 선이주 선순환 기조는 재개발 추진 과정에서 주거권이 재산권에 비해 부차적인 문제로 취급되어왔던 그간의 역사를 되돌아볼 때 분명 다른 행보였다. 특히 민간의 역할이 큰 합동재개발 방식이 오랫동안 재개발을 주도해왔음을 생각하면 말이다. 많은 이가 동자동 사업을 (앞선 서울 영등포·대전 쪽방촌 사업과 더불어) 이례적인 결정이라고 하는 이유가 여기에 있다. 한국 사회에서 주택은 오늘날까지 "단순한 사적 대상을 넘어 특별한 가치를 갖는 시장상품"(김명수 2020: 53)이었으며, 도심 재개발·재건축은 새로운 주거의 약속이 아닌, 일확천금

동자동 쪽방촌의 2021년 모습. 정부 보도자료.

정비사업 완료 후 예상 조감도. 층수가 다소 낮은 공공임대주택은 전면에 위치해 있다. 정부 보도자료.

의 기회로 여겨져왔다.

도심 재개발의 자취 — 주거권에 우선해온 재산권

그렇다면 동자동 사업은 교환가치가 헤게모니를 쥐고 있던 이런 상황을 극복하고 극적으로 등장한 것일까? 도심 재개발의 역사를 돌아볼 때, 그보다는 그간의 정책이 부침을 거듭하며 여러 개발 담론과 사회적 사건이 교차하는 가운데 출현했다고 보는 게 맞을 것이다. 동자동 공공주택사업 결정은 어떻게 가능했으며, 기존 개발정책과 어떻게 다를까? 사업 추진의 난관은 무엇이며, 사업을 진행시키기 위해선 어떤 논의와 개입이 필요할까? 우리는 정책의 목표, 정책 입안을 위한 정치적 아군의 형성, 정치적 힘의 논리에서 밀려난 이들의 노력까지 폭넓게 조망하는 정책인류학의 관점에서 이 질문들에 대한 답을 찾아보고자 했다.[1]

공공재개발이 적극적으로 추진된 것은 노태우 정부가 주택 200만 호 공급 계획을 천명한 1980년대로 거슬러 올라간다. 노태우 전 대통령은 '집 대통령'을 표방하며 집값 안정을 위해 획기적으로 많은 주택을 공급하겠다는 계획을 밝혔다. 그는 중산층의 주택 수요를 겨냥해 아파트 위주의 공급 정책을 펼쳤다. 도심에서는 아파트 택지를 확보하고자 민관이 함께하는 합동재개발이 추진되었다. 그 방식은 이랬다. 먼저 토지나 가옥을 소유한 개인이 조합을 설립해 법정 시행자 자격을 갖추고 노후·불량 건축물을 철거한다. 이후 건설업체가 참여해 개발비를 선투자하고 공동주택을 짓는다. 주택이 완공되면 조합원은 개발 전에 소유했던 토지 등의 가격에 상응하는 주택을 우선 분양받는다. 사업 비용은 조합원에게 분양하고 남은 물량을 일반에 분양해 충당했다. 요컨대 불량주택을 철거해 고층아파트를 지은 다음, 그걸 분양해 개발 비용을 충당하는 방식이었다(김형국·하성규 1998).

그렇게 별도의 예산을 들이지 않고 도시를 재정비하고자 했던 서울시와 이윤을 내고 싶었던 토지 및 건물 소유주, 건설사의 이해관계가 맞아떨어졌다. 그 과정에서 공공의 역할은 미미했으므로, 민간 주도의 주택공급 질서가 자연스럽게 정착될 수 있었다. 그러나 예상할 수 있듯 이런 방식의 재개발은 일찍이 그 지역에 살고 있던 주민들의 주거권과 정면으로 충돌했다. 특히 재개발 대상이었던 노후·불량 건축물은 대부분 가난한 사람들의 삶터였다(김윤영 2022). 하지만 그들은 사업의 주체도, 협의 대상도 아니었다. 이윤 극대화에 방점을 찍고 급박하게 진행되는 민간 주도의 재개발 흐름에서 세입자의 주거권은 비중 있게 다뤄지지 못했다(1989년 4월 '세입자용 영구임대주택 건립의무조항'이 서울시 재개발사업 업무 지침에 신설되는 등 공공성을 강화하려는 시도도 있었지만 미미한 수준에 그쳤다).

이후 2000년대 초반 강남 지역을 중심으로 '재건축' 신드롬이 일었다(이동훈 2006). 주택의 교환가치를 극대화하려는 소유주들의 욕망이 이 열풍에 불을 지폈다. 공공사업 성격을 띠는 재개발과 달리, 재건축은 개발이익 일부를 세입자 주거 대책을 명목으로 내놓을 의무가 없다. 저층·저밀도 주택을 고층·고밀도 건물로 바꿔 이익을 창출하는 재건축사업에서 용적률을 확대하고 소형주택 의무 공급 비율을 축소하라는 소유주들의 요구는 '주택 교환가치 극대화'라는 사업 목적을 노골적으로 드러낸다. 재건축 바람이 주택시장 전체에 불어닥쳤고, 가장 뜨거운 지역은 단연 서울 강남이었다. 이른바 강남 4구(서초구·강남구·송파구·강동구)를 중심으로 재건축 아파트가 공급되면서 주택가격이 폭등했다. 투기를 단속하고자 조합원 지위 양도 금지, 후분양제, 임대주택·소형주택 공급 의무 등 갖가지 규제가 도입되었다.[2] 하지만 재건축 열풍이 휩쓸고 간 시장엔 주거 취약계층이 거주할 만한 소형주택이나 전·월세 주택이 남아나지 않았다.

단순히 주택을 철거하고 그 자리에 아파트를 건설하는 식의 재개발이 아닌, 주변 생활권을 광역적으로 고려한 개발의 필요성이 제기된 것도 그 무렵이었다. 2002년 강남·강북의 균형 발전, 생활권 단위의 광역 주택지 정비, 원주민 재정착을 통한 커뮤니티 형성 등을 목적으로 한 '뉴타운사업'이 출범했다. 뉴타운사업은 선주민 정착을 고려해 소규모 정비구역이 아닌 생활권을 기본 단위로 하는 개발을 표방했고, 각종 생활기반시설을 민간이 아닌 공공이 주도해 확보하고자 했으며, 상업·문화 시설 등 기존에 사업 범위가 아니었던 시설도 정비해 공급하고자 했다.

하지만 거창했던 목표는 사업 진행 과정에서 흐지부지되면서, 곧 한계를 드러냈다. 시작은 2002년 서울 은평, 길음, 왕십리에서 빠른 속도로 진행된 시범 뉴타운사업이었다. 이에 고무되어 이듬해에 열두 곳이 2차 뉴타운지구로 추가 지정되었다. 하지만 시범 사업, 2차 사업 모두 근거 법이 없는 상태에서 시 조례에만 근거해 진행되었다. 서울시는 사업을 효율적으로 진행하기 위해 중앙정부에 특별법 제정을 요구했고, 그렇게 '도시재정비 촉진을 위한 특별법'(이하 도시재정비법)이 제정되었다. 그럼으로써 용도지역과 용적률, 소형주택 의무 공급 비율 등을 완화할 수 있게 되었고, 기존 생활권 단위의 계획 범위를 넘어선 더 넓은 범위의 재정비 촉진구역 지정이 가능해졌다. 그 기세로 2005년 12월 열 곳이 3차 뉴타운지구로 지정되었다.

법은 제정되었지만 뉴타운사업을 전적으로 관리하고 책임질 공공 행위자는 부재했다. 뉴타운사업은 지역별 특성에 맞춰 구역을 정비 및 관리하는 생활권 단위의 정비사업에서 이윤추구를 우선시하는 광역 개발사업으로 그 성격이 바뀌었다. 기반시설을 마련할 계획을 세우고 제대로 실행할 컨트롤타워가 필요했지만 어떤 기관도 그 역할을 하지 못했다. 결국 사업은 "지역별 특성을 고려하지 않고 일률적으로 기반시설 확보 비율을 정함으로써 불필요한 기반시설이 설치되거나, 기반시설 용지 부담의 반대급부로 주어지는 용적률 상향조정으로 인해 과밀 개발을 부추기는 결과"(장남종 외 2008: 47)를 낳았다. 개발이익을 위해 양호한 주거지가 재정비 촉진구역으로 지정되어 개발되었는가 하면, 주민들이 생활을 영위해가던 기존 커뮤니티도 급격히 해체되었다.

서울시 뉴타운사업 추진 실태에 관한 서울연구원의 연구(장남종 외 2008)는 뉴타운사업이 선주민의 주거 안정을 크게 해치는 결과를 초래했음을 구체적으로 보여준다. 26개 뉴타운지구에 거주하는 85만 명(35만 세대) 중 세입자 구성비가 69퍼센트(23만 세대)에 달한다는 점만 봐도 그렇다. 선주민 재정착을 고려하겠다던 사업은 기존 재개발사업과 마찬가지로 건립 세대수의 17퍼센트 범위에서 세입자용 임대주택을 공급하는 데 그쳤다. 서울시 재개발사업에서 선주민 재정착률은 토지 및 주택 소유주만 따졌을 때엔 40퍼센트 내외로 집계됐지만, 세입자까지 포함했을 때엔 10퍼센트 내외로 뚝 떨어졌다(장영희 2007).

이렇게 여러 문제를 야기하며 급격히 추진되었던 뉴타운사업은 2008년 글로벌 금융위기가 닥치면서 그 기세가 꺾였다. 주택 경기가 침체되고 사업 수익성이 떨어지면서 출구전략에 대한 요구가 대두된 것이다.

2010년 선거 때 (오세훈 시장이) 극적으로 (재선)됐잖아요. 그때 오세훈 시장이 4차 뉴타운을 추가로 지정하려고 했는지가 쟁점이 된 거예요. 그만큼 그때는 뉴타운을 확대하는 게 무척 부담스러운 시기였고. 그래서 출구전략을 만들어야 된다는 데 상당한 공감내가 있었어요. 그러던 차에 2011년 10월 26일 박원순 시장이 당선됐고, 그해 말에 여야가 전격적으로 합의를 해서 뉴타운 출구법(도시 및 주거환경정비법에 신설된 출구 조항)이 만들어졌죠.

_ 변창흠 전 국토부 장관[3]

'주민참여형 재생사업'은 이런 딜레마 속에서 등장했다. 박원순 당시 서울시장은 뉴타운사업구역 1300곳 가운데 아직 인가 전이던 610곳에 대해 의견 수렴을 거쳐 사업구역 지정을 해제할 수 있도록 하는 뉴타운 출구전략을 내놓으며 뉴타운사업의 맹점을 보완할 대안으로 주민참여형 재생사업을 제시했다. 단독·다가구 주택 밀집 지역, 다세대·연립주택 밀집 지역 등 작은 마을을 대상으로 주민의 요구에 따라 생활환경 개선, 기반시설 확충, 주택개량 지원 등을 마을 맞춤형으로 추진하는 사업이었다.[4] 주민이 지역 정체성을 보전하면서 실질적 문제를 해결할 수 있도록 한다던 주민참여형 재생사업은 이름 그대로 주민이 직접 계획을 세우고 실행 전 과정에 관여하는 방식으로 이뤄졌다.

이 사업의 추진 방식은 노무현 정부 당시 도입된 도시재생과 관계가 깊다. 2006년 노무현 정부는 '살기 좋은 지역 만들기' 정책을 시행한 바 있다. 주민이 주체가 되어 쾌적하고 특색 있는 생활공간을 창조하고, 공간의 질을 높이는 것이 정책의 목적이었다. 정책을 추진하기 위해서는 중앙정부의 제도적 뒷받침이 필요했는데, 국토해양부가 이를 지원하면서 이듬해인 2007년 도시재생사업기획단이 출범했다. 하지만 여전히 한계는 있었다. 변 전 장관은

기존 사업				신설 사업	
도시환경 정비사업	주택재개발 사업	주택재건축 사업	주거환경 개선사업	주거환경 관리사업	가로주택 정비사업

도시 및 주거환경정비법 개정(2012년 2월) 개요.

일부 사업이 "기존처럼 전면 철거 방식으로 진행되었던 데다가 주민 동의율이 높긴 했지만 주민을 가리키는 범위가 토지등소유자인 것도 그대로"였음을 지적했다. 다수의 세입자나 임차인이 참여하지 못한다면 과연 그 사업을 '주민' 참여형이라고 부를 수 있는가에 대한 물음이었다.

주택공급이 원활하지 않았던 것도 문제였다. 기존 저층 주거지를 그대로 유지하며 철거 대신 보존·정비·개량에 역점을 뒀던 까닭에 재생할 만한 기반시설이 애초에 없는 지역에는 주택을 공급할 수 없었던 것이다. 더구나 뉴타운 출구전략의 하나로 제시되었던 노후 주거지역에 대한 소규모 정비사업이라 할 수 있는 가로주택정비사업, 주거환경관리사업, 소규모 재건축사업은 모두 추진 실적이 없다시피 했다. 까다로운 소규모 정비사업의 입지 선정 조건역시 주택공급을 어렵게 했다.[5] 그 무렵 서울주택도시공사sh 사장을 지냈던 변 장관은 "1년 내내 찾았는데 가로주택정비사업대상 구역을 한 군데도 못 찾았다"며 당시 소규모 정비사업 추진의어려움을 토로했다.

재생사업은 결국 집이 아닌 나머지 공간을 대상으로 하는 사업인 거예요. 집이 아닌 나머지 공간에서 할 수 있는 것이 골목을 다듬고 벽화 그리고 커뮤니티 시설 만들고 대규모 빈터가 있으면 LH가 임대주택 짓고. 3년 내지 5년이 경과하고 나면 (주민들이) "우리 집은요?"(라고 묻고 그러면 저희는) "집은 각자 알아서 하는 겁니다"(라고 답할 수밖에 없죠). 지금 소득 3만 달러 시대에 "그냥 여기 이렇게 그대로 살아라"(하는 셈이죠). 그냥 어떻게 살아요? 마을이 중요한데, 골목이 중요한데 (그냥) 살아야지 이렇게 강요하게 되는 거잖아요. 그건 너무 잔인하잖아요.

_ 변 전 장관

공공이 직접 서울 도심에서 노후화된 저층 주거지를 재개발하겠다는 계획은 이렇듯 뉴타운사업과 주민참여형 재생사업의 한계를 극복하려는 시도의 일환이었다. 인터뷰 당시 변 장관은 공공개발이 성공적으로 이뤄진 경험을 공유해주었다.

그러던 차에 우연히 SH의 사장 공모가 진행되길래 '야, 못할 것 없겠다. 내가 진짜 도시재생사업을 해보지 뭐' 그러고 지원을 했어요. 실행력 있는 도시재생사업을 추진하기 위해 외부 전문가도 공모로 모셔오고……. 우리 도시의 노후 저층 주거지에서 아파트 수준의 쾌적함(을 갖추어보자). 아파트는 여러 편의시설을 갖추고 있잖아요. 지하는 주차장, 1층은 공원, 커뮤니티 시설, 공동체

조경 이렇게 다 있잖아요. 그런데 노후 저층 주거지에는 주차장도 없지, 골목도 좁고 어둡지, 공원도 없잖아요. 그럼 어떤 식으로 기반시설을 만들 거냐. 마을 단위에서 어떤 곳은 집을 고쳐주고, 어떤 곳은 가로주택정비사업으로 추진하고, 어떤 곳은 자율주택정비사업을 하고, 어떤 곳은 새로 짓고 연립으로 만들고 이런 식으로 여러 가지 소규모 개발 사업을 결합해서, 아파트 수준의 공동체를 만들자. 그렇게 만들었어요. 이 재생사업 모델을 제도화를 해서 전국으로 좀 확산하자. 그런데 서울시에서 잘 안 받아들여지는 거예요. 재개발사업 중에서 사업성이 없어서 거들떠보지도 않는 지구가 몇 개 있었어요. 정릉 스카이연립이라고 국민대 앞에 있는 주택이 있어요. 연립인데 노후화됐는데 사업성이 없으니까 시공사가 거들떠보지도 않고 주민들은 무너져가는 안전등급 D 건물에 계속 사는 거예요. 그래서 거기서 공공주택법을 적용해 전면적으로 사업을 추진했어요. 지금 잘됐어요. 그게 청신호 1호 주택*이 됐죠.

_ 변 전 장관

이렇게 공공개발이 이 사업 저 사업을 거치며 일종의 변증법적

---

* SH가 청년 및 신혼부부를 위해 건설한 정릉 하늘마루를 가리킨다. 조합 내부 갈등, 부동산 경기침체 등으로 개발이 지연되고 있던 관악구 신림동 강남 아파트 재건축도 그렇게 추진되었다.

과정을 통해 등장했다는 사실을 염두에 두며 다시 동자동으로 돌아와보자. 이곳 쪽방촌 일대 정비사업에 공공이 참여하게 된 배경은 무엇일까?

(동자동 일대는) 남산 고도 제한이 걸려요. 그래가지고 높은 층고로 지을 수가 없는 거예요.
_ 김현미 전 국토부 장관

사업성이 있었다면 진작 민간 시공사가 동네 유지들로 구성된 정비 조합을 지원해서 정비사업을 추진했겠지요. 그런데 민간 시공사가 주목하지 않았어요. 높이 지으려니까 남산에 걸리고, 그러니까 사업성이 없죠. 당연히 현재 제도와 지역 형태로는 시공사 어디서도 신경을 안 써요.
_ 변창흠 전 장관

여기가 원래 후암특별계획구역으로 결정 고시가 난 곳이에요. 예전부터 저기까지 10만 평 개발이 돼 있었는데, 여기가 남산이 가깝고 주변에는 (고층건물이) 저렇게 높이 올라갔는데도 불구하고 여기만큼은 용적률 250퍼센트밖에 안 준다고 그래서 그거 갖고 계속 (서울)시하고 협상을 하는 중이었어요.
_ 동자동대책위 심경주(가명)

왜 40년 동안 개발이 안 됐냐면 남산 고도제한. 그것 때문에 개발
이 안 됐던 거에요. 언덕 꼭대기는 6층밖에 못 지어요. 45층을 지
어도 모자란 판에 6층밖에 못 지어요. 수익성이 안 나는 거에요.

_서울역쪽방촌대책위 김일원(가명)

여러 사람이 지적하듯 일차적인 배경은 사업성이었다. 동자동
이 위치한 남산이라는 지형적 조건은 고층건물을 지어 이익을 내
야 하는 민간 재개발조합의 진입을 어렵게 했다. 남산 일대의 지
반이 화강암, 편마암 등 암석으로 구성돼 있어 시공에 긴 시간과
고비용이 든다는 점(김주환 2005) 또한 민간이 참여를 꺼린 이유
가 됐다.

공사비도 그렇지만 여기는 남산이 암반 지대거든. 이게 공사비가
얼마가 더 들어갈지 몰라. 인건비 올랐지, 그다음에 고도제한 있
지. 거기다가 민간으로 짓고 나면 보건복지부부터 시작해서 기부
채납 해야 되지. (…) 여기는 지구 지정이 되고도 민간개발안 접수
를 못 시켰던 곳이에요. 업체들이 돈이 안 남는 거지. 그렇게 해서
여러 차례 기다리다가 안 되니까 정부가 나서서 공공개발하겠다
얘기를 한 거죠.

_ 서울역쪽방촌대책위 강문정(가명)

동자동이 남산 밑이 아니라 평지였으면 토목공사 비용은 상관이

없어요. (…) 그리고 민간개발에서 문제 하나도 안 돼요. 평지면. 고도제한이 설령 걸렸다 해도 평지면 그래도 해볼 만해요. 그런데 거기는 암반 지대예요. 남산이라는 곳이 그냥 흙덩어리가 아니라 돌덩어리예요. 토목공사 비용이 통상 다른 곳에 비해 여섯 배에서 일곱 배가 더 들어가거든요.

_ 서울역쪽방촌대책위 김일원

물론 민간 개입의 여지가 적었다는 이유만으로 공공주택사업 진행이 결정된 것은 아니었다. 이 결정에는 당시 정부의 정책 기조도 작용했다. 문재인 정부가 '주거복지 로드맵'이라며 내놓은 주택 정책의 방향은 다양한 계층의 주거 안정이었다. 특히 저소득층을 위해 장기간 거주할 수 있는 공공임대주택을 확대 공급하겠다는 방침하에, 국토부가 발표한 '주거복지 로드맵 2.0'은 이전 주택정책의 성과와 한계를 평가하고 그에 따른 보완책을 제시한 버전이었다. 국토부는 쪽방, 노후 고시원 등 비주택에 거주하는 이들의 공공임대주택 이주를 돕고 불량 주거지를 개발하는 한편 주거급여 지원을 강화하겠다는 계획을 내놓았다. 여기에는 공공이 주도해 이주단지를 조성한 후 임대주택을 건설하는 쪽방촌 공공주택사업이 포함되었다. 공사 기간에도 주민의 주거 불안정이 최소화될 수 있도록 한 조치였다.

서울시 영등포 쪽방촌 사업은 이런 흐름을 살피는 데 중요하다. 용산참사 11주기였던 2020년 1월 20일, 이 사업의 추진 계획이 발표됐다. 주민 재정착을 위해 공공이 토지를 수용해 직접 개발하겠다는 사업 내용에 여러 이해관계자가 놀라움을 금치 못했다. 정부 주거정책에 오랫동안 비판적인 목소리를 내온 최은영 한국도시연구소 소장은 '무모' '창의'라는 표현을 사용했을 정도다. 그는 당시 정부의 결정을 두고 칼럼에 "적극 행정이라고 하기에는 무모해 보일 정도의 누군가의 고뇌에 찬 결단으로 이루어진 것이 틀림없는 나의 상상력 밖에 있는 창의적인 해법"[6]이라고 썼다. 같은 해 4월 22일에는 대전역 쪽방촌 사업 계획이, 그로부터 1년 후인 2021년 2월 5일에는 동자동 사업이 발표됐다. 우리가 인터뷰한 관계자들은 이들 쪽방촌 사업이 서로 긴밀히 연결되어 있었으며, 사업의 우선 목표는 선주민의 재정착임을 확인시켜주었다.

(영등포 쪽방촌 공공주택사업에 대한) 반응도 너무 좋고 김현미 장관도 좋게 판단하셔서 '야 정말 엄청난 걸 해냈구나'라는 판단이 들었고, (김 장관한테도) "너무 잘하셨다. LH가 더 적극적인 역할을 하겠다" 했죠. 그러니까 김 장관이 전국에 있는 쪽방을 다 조사하라 하셨고 실제 조사를 해보니 쪽방촌 수가 열 군데가 나오더라고요. 이제 (영등포 쪽방) 한 곳을 추진하기로 했으니까 남은 곳이 서울에 네 군데 지방에 다섯 군데인가 있었어요. 그때 SH에서 서울에서는 우리가 할 테니 LH는 서울에서 하지 말고 지방에서 하면 좋겠다고 제안해서 대전 쪽방부터 다음 사업으로 하게 된 거죠.
_ 변 전 장관(영등포 사업 결정 당시 LH 사장 재임)

출발은 공공임대주택을 확대해야 된다(는 것). 서민들의 주거환경을 근본적으로 바꿔주는 걸 해야 된다는 것(이) 하나(고요). 두 번째는 그 과정에서 공공임대주택이 도심 외곽에 지어지면서 자기가 살던 곳에서 밀려나게 되면, 오히려 사람들이 안 가려고 하는 경우도 있다는 거예요. 자기 생활이 끊어지게 되잖아요. 생활환경이 바뀌면 (정착하기가) 오히려 더 어려우니까 살던 곳에 재정착해서 살 수 있도록 하는 게 가장 좋은 거죠. 근데 그런 택지를 찾기가 굉장히 어려워요. 그래서 가능하면 도심에 공공임대주택을 많이 공급하겠다는 생각을 가지고 있었는데, 영등포 쪽방촌은 그럴 수 있는 여건이 된 거죠. (…) 그런데 쪽방촌 같은 곳에 사는 사람은 어디 갈 데가 없는 거예요. 이런 사람들한테 재정착할 기회를 마련해주려면 공공이 할 수밖에 없는 거고, 그렇게 하지 않으면 대안이 없다는 거죠. 민간개발 역사에서, 도시개발을 민간 주도로 해온 수십 년 역사 속에서 항상 그런 도시빈민 세입자들이 쫓겨나는 상황이 계속돼왔던 흐름을 바꿔야 된다는 겁니다.
_ 김 전 장관

정부는 전국의 쪽방촌을 조사한 후 그곳의 주거환경을 개선하고자 했고, 그 효시가 된 영등포 사업과 뒤이은 대전역, 동자동 사업도 모두 그 일환이었다. 주택 공기업 소속 한 연구원은 이러한 공공주택사업이 당시 정부가 중요하게 여겼던 '포용도시inclusive city'라는 가치에 입각한 것이라고 말했다. 포용도시란 포용의 가치가 도시라는 공간에서 구현되는 것을 이르는 개념으로 빈곤층과 청년, 여성, 노인 등 사회적 약자가 도시의 각종 기회에서 배제되지 않는 것을 지향한다(김주진 외 2022). 요컨대 동자동 공공주택사업의 등장에는 포용도시를 추구한 정부의 특성도 영향을 미쳤다.

문재인 정부 부동산 정책 타임라인

2017.06.19	'주택시장의 안정적 관리를 위한 선별적·맞춤형 대응방안'(6·19 대책) 발표
2017.06.23	김현미 장관 취임
2017.08.02	'실수요 보호와 단기 투기 수요 억제를 통한 주택시장 안정화 방안'(8·2 대책) 발표
2018.09.13	'주택시장 안정 대책'(9·13 대책) 발표
2018.09.21	'수도권 주택공급 확대 방안'(9·21 대책) 발표
2018.12.19	'2차 수도권 주택공급 계획 및 광역교통망 개선 방안'(12·19 대책) 발표
2019.05.07	'수도권 주택 30만 호 공급 방안에 따른 제3차 신규택지 추진 계획'(5·7 대책) 발표
2019.12.16	'주택시장 안정화 방안'(12·16 대책) 발표
2020.01.07	대통령, 신년사로 부동산시장 안정, 실수요자 보호, 투기 억제, 주택공급 확대 의지 천명
2020.01.20	'영등포 쪽방촌 주거환경 개선 및 도시정비를 위한 공공주택사업 추진 계획' 발표
2020.04.22	'대전역 쪽방촌 도시재생 방안' 발표

2020.05.06	'수도권 주택공급 기반 강화 방안'(5·6 대책) 발표, 공급 확대
2020.06.17	'주택시장 안정을 위한 관리 방안'(6·17 대책) 발표, 수요 관리
2020.07.10	'주택시장 안정 보완대책'(7·10 대책) 발표, 수요 관리
2020.07.31	임대차 3법 심의·의결
2020.08.04	'서울권역 등 수도권 주택공급 확대 방안'(8·4 대책) 발표, 공급 확대
2020.11.19	'서민·중산층 주거 안정 지원 방안'(11·19 대책) 발표, 공급 확대
2020.12.29	변창흠 장관 취임
2021.02.04	「공공주도 3080+」 대도시권 주택공급 획기적 확대 방안'(2·4 대책) 발표
2021.02.05	'동자동 공공주택사업' 발표
2021.09.15	'도심 주택공급 확대 및 아파트 공급 속도 제고 방안'(9·15 대책) 발표

문재인 정부가 처음 내놓은 부동산 정책인 6·19 대책은 공급보다는 투기성 수요를 잡아 주택시장의 안정을 도모한다는 포부를 담고 있었다. 나흘 뒤 김현미 장관은 취임사에서 "아직도 과열 양상의 원인을 공급 부족에서 찾는 분들이 계신 것 같다"며, "부동산 정책은 투기를 조장하는 사람들이 아니라 정부가 결정해야 한다"고 언급했다. 부동산 정책의 방점이 수요 조절에 찍혀 있음을 분명히 밝힌 것이다.

하지만 이러한 포부는 시장 흐름이 변화하면서 굴절됐다.

2018년 7월, 서울 주택가격이 상승하자 정부는 같은 해 9월 이에 대한 안정화 대책을 발표하며 수도권에 주택을 공급하겠다는 메시지를 전했다. 그리고 이러한 흐름은 2019년까지 이어졌다. 그해에 발표된 5·7 대책과 12·16 대책에는 적극적인 투기 규제와 장기적인 주택공급 등 전년보다 더 강력해진 메시지가 담겼다. 당시 문재인 대통령은 국민과의 대화에서 "부동산 가격을 잡기 위한 강력한 방안을 강구할 것"이라 말하기도 했다.

그러다 2020년 상반기를 지나면서 주택시장 분위기는 완전히 달라졌다. 코로나19로 인한 경기침체가 장기화되는 가운데 정부가 경기회복을 위한 금리인하를 단행하면서 상당량의 통화가 주택시장으로 유입된 것이다. 정부는 주택공급 대책을 준비했으나 이미 상승 중인 주택가격을 안정시키기에는 역부족이었다. 이에 정부는 무려 다섯 번의 굵직한 부동산 대책을 공표하며 기존 흐름과는 방향을 달리하는 대책을 내놨다. 대규모 공급을 핵심 정책으로 내세우기 시작한 것이다.

김현미 장관이 물러나면서 후임 변창흠 장관은 부동산시장 안정화라는 중책을 안고 취임했다. 주택공급 방안을 세세하게 담은 그의 취임사에는 공급이라는 단어가 무려 열여섯 번이나 포함되었다(김현미 장관 취임사에는 딱 세 번 등장했고, 그중 두 번은 '집값 상승의 원인이 공급 부족에 있지 않다'는 맥락에서 언급된 것이었다). 공급 확대의 중요성을 본격적으로 강조하기 시작한 것이다. 하지만 이러한 조치에도 주택시장은 좀처럼 안정되지 않았다. 정부는 계속해서 대책을 발표하며 공급을 확대하겠다고 밝혔지만, 국민은 그것을 강력한 메시지로 받아들이지 않았다.

이에 정부는 공급 의사를 더 확실하게 표명하기 위해 새로운 대책을 발표했다. 그렇게 등장한 것이 2021년 2월 4일 발표된 '공공주도 3080+'이었다. 이 사업의 목표는 서울에 30만 호, 전국에 80만 호의 공급 가능 주택 물량을 확보하는 것이었다. 영세 가옥주, 세입자, 무주택 서민에게 저렴한 주택을 용이하게 공급하는 등 주거취약계층에 대한 지원도 사업의 목표에 포함됐으나, 핵심은 '단기간에' '압도적인' 물량을 '빠르게' 공급해 주택가격을 안정시키는 것이었다. 민간에 맡기기에는 시간이 지나치게 오래 걸리거나 진행이 불가능했던 지역에 공공이 개입해 일사천리로 재개발을 진행하겠다는 의지를 보인 것이다. 정부는 집값 폭등의 중심지인 서울 도심에도 충분한 물량의 주택을 공급할 수 있다는 걸 보여줌으로써 공급 부족에 대한 불안을 해소하는 데 역점을 두었다. 소유주들의 동의를 받아내기 위해 파격적인 혜택을 내걸기도 했다. 통상 250-300퍼센트로 제한되는 용적률을 700퍼센트까지 상향하고, 소유주들이 부담해야 하는 기부채납 비율도 낮췄다. 그뿐 아니라, 기존 15퍼센트 수준이었던 임대주택 비율을 10퍼센트로 낮추는 등 대대적인 규제 완화 정책을 단행했다.

동자동 공공주택사업은 공교롭게도 공공주도 3080+ 발표 직후에 결정되었다. LH 및 국토부 관계자들은 2·4 대책과 쪽방촌 사업이 별개의 정책임을 밝히며, 2·4 대책은 시장 안정화를 위해

도심에 빠른 속도로 다량의 주택을 공급하는 것을, 동자동 사업은 쪽방촌 주민들의 열악한 주거환경을 개선하는 것을 목적으로 한다고 설명했다.

(쪽방촌 사업은) 2·4 대책하고는 별개예요. 그래도 어쨌거나 성과물은 비슷할 수 있죠. 도심 내 낡은 주거지를 개선하는 사업이라는 건 비슷한데, 실질적으론 관계가 없는 사업이거든요. (⋯) 그동안 텔레비전 탐사 프로그램 같은 거 보면 쪽방촌 사업에 대해 문제점들을 막 지적하고 이걸 정부가 방치해둔다, 이렇게 얘기했었고…… 김현미 장관님도 말씀하셨죠……. 민간에 맡겨서는 사업이 안 된다고 생각하셨기 때문에, 그러면 공공이 나서서 한번 해보는 게 어떻겠냐는 판단으로 시작이 된 걸로 알고 있어요.

_ LH 관계자 A

취약계층 정비가 사실은 더 중요한 목적입니다. 저희가 최우선적으로 고려해야 될 건 쪽방 주민들 일인 거고 일반 분양이라든지 기타 공급자한테 공급하는 건 후순위로 보시면 되는데, (⋯) 2·4 대책하곤 전혀 다른 성질이라고 보시면 돼요. 그건 수도권이라든지…… 주택공급을 위한 목적에 의거해서 나온 정책이고, 이건 쪽방촌 정비를 위해서 별개로 추진하던 거기 때문에 사실은 다른 사업이라는 거죠.

_ LH 관계자 B

한 귀퉁이에 주택 몇 채 짓는다고 주택정책이다, 이렇게 보기는 어렵죠. 쪽방에 살던 사람들의 주거 안정을 목적으로 사업을 추진하는 거고, 그걸 하려니까 자금 마련이 필요해서 상업지역을 개발해 거기서 나온 이익을 배분하는 방식을 활용하는 것이지, 주택공급 정책의 일환으로 보지는 않았습니다.

_ 변 전 장관

이렇듯, 한국 사회에서 도심 재개발은 대체로 이윤추구의 각축장이었고, 재산권 보호가 주거권 보장보다 우선시되었다. 하지만 의도했든 안 했든 새로운 변곡점은 계속 등장했다. 한 사업의 부작용을 다스리기 위해 새로운 사업이 도입되고, 그 과정에서 공공의 역할이 중시되면서 '재생' '포용'과 같은 새로운 가치들이 기존과 다른 개발의 장을 형성해갔다. 또한 남산이라는 암반 지대의 지형 조건이 개발의 시간을 늦추거나, 부동산 가격 폭등을 막기 위한 정부 대책이 동자동 사업 발표 전날 등장하면서 혼선이 발생하는 등 동자동 공공개발은 의도와 우연이 착종된 결과이기도 했다.

한편 이제부터 살펴볼 일련의 사회적 사건과 운동·연구 네트워크 또한 개발의 속도와 방향을 바꾸는 데 영향을 끼쳤다.

사회적 사건과 운동 – 연구 네트워크

2018년 11월 9일, 서울 종로구 청계천 인근의 국일고시원에서 발생한 화재 사고로 일곱 명이 숨지고 열한 명이 다쳤다. 단순 화재로 그칠 수 있었던 사고는 열여덟 명의 사상자를 낸 참사가 됐다. 원인은 무엇보다 그곳이 사람 살 만한 공간이 아니었다는 데 있었다. 불길은 방과 방이 다닥다닥 붙어 있는 구조였던 고시원을 순식간에 덮쳤다. 2007년 문을 연 이곳에는 스프링클러도 설치돼 있지 않았다(국일고시원은 2009년 7월 이후 개정 시행된 '다중이용업소의 안전관리에 관한 특별법'상 스프링클러 설비 의무 설치 대상이 아니었다). 화재감지기와 비상벨 역시 정상적으로 작동하지 않았다. 비상 대피로조차 마련돼 있지 않았던 고시원에서 유일한 대피 방법은 창문으로 뛰어내리는 것이었다. 그러나 창문 있는 방은 창문 없는 방보다 월세가 5만 원 더 비쌌다. 그 5만 원으로 거주자들의 생사가 갈렸다.

이렇듯 화재는 우연적 사고가 아니었다. 홈리스행동, 빈곤사회연대 등 반빈곤운동 단체들은 잇달아 추모 성명을 발표하며 비주택 주거지의 열악한 환경 개선을 요구했다. 이들이 쟁점화한 문제들은 이후 다양한 매체에서 조명되며 사회적 의제로 부상했다.[7] 특히 『한국일보』가 연속 보도한 쪽방촌 기사는 쪽방의 빈민 착취 구조를 '빈곤 비즈니스'로 명명했고[8], 이 단어는 이후 담당 취재기자였던 이혜미가 펴낸 단행본 『착취도시, 서울』을 통해 더욱 널리

알려지게 되었다. 한국도시연구소 책임연구원이자 빈곤사회연대에서 활동하는 양성현(가명) 활동가도 국일고시원 화재의 파장을 언급했다. 그는 사건 이후 고시원을 비롯한 비주택에 대한 사회적 관심이 높아졌으며, 운동단체들이 비주택에 거주하는 이들의 목소리를 조직화하는 데 힘썼다고 전했다. 이는 정부가 기존 정책이 근본적인 해결책은 아니었음을 인정하는 계기가 되었고, 나아가 공공주택사업이라는 한층 과감한 결정을 내리는 데도 영향을 미쳤다는 게 그의 해석이다.

> 운동의 성과라고 저는 해석을 하는데, 2018년인가요, 국일고시원 화재 참사로 일곱 분이 돌아가셨죠. 화재 참사로 언론이 고시원 문제에 집중을 했던 거잖아요. 그런데 사실 고시원 당사자들이 조직화되어 있지는 않았다 보니까 기존에 조직된 동자동을 중심으로 비주택에 거주하는 쪽방 주민들이 고시원 화재를 계기로 비주택 문제에 대해서 더 적극적으로 의견을 제기하는 활동들을 했어요. 고시원, 쪽방, 여관·여인숙 이런 게 사실은 같은 유의 비주택이고, 위험들이 상존하는 공간이잖아요. 쪽방 대책도 그래서 요구를 해왔던 거고. 그러면서 고시원 화재 사건이 유사한 환경에

● '빈곤 비즈니스'란 빈곤층을 대상으로 하면서도 빈곤을 고착화하는 사업을 가리킨다. 돈 없고 오갈 데 없는 이들을 대상으로 하는 쪽방 임대사업이 대표적이다(이혜미 2020).

동자동, 당신이 살 권리

처한 쪽방 의제로 좀더 확대되기 시작했던 것 같아요. 제가 전해 듣기로는 국토부에서 쪽방 이슈가 사회적으로 커지니까 뭔가 근본적인 대책을 마련해야 되지 않겠냐, 특히 빈곤 비즈니스 문제까지 결합해서 언론에서 계속 얘기가 나오니까 뭔가 근본적인 대책이 필요하겠다고는 인식을 했다고 해요. (…) 고시원 화재 참사 이후 쪽방 주민들이 주체적으로 열악한 주택의 문제를 제기하는 운동을 해왔고 그 성과로, 프레임이 쪽방에 대한 다양한 이슈로 전환되면서 결국은 정책도 작동하지 않았나 (하는 거죠).

_양성현 빈곤사회연대 활동가

사회운동과 정책연구가 연동된 연구·운동 네트워크는 정치권과 행정권을 향해 목소리를 내며 주거환경의 실질적 개선을 이끌었다. 2020년 2월과 4월에는 당시 서울시장의 요청으로 쪽방촌 주거 안정 추진 방향의 검토가 이루어졌고[8], 같은 해 11월에는 국회 국토교통위원회 진선미 위원장과 심상정 위원의 주최로 '전국 쪽방촌 공공주택사업의 필요성과 과제 토론회'가 열렸다. 토론회에 참석한 구범서 LH 도시재생사업처 부장은 쪽방 문제 해결에 대한 공공의 적극적인 참여를 요구해온 언론 및 시민단체의 목소리도 사업 추진의 동기가 되었다고 밝혔다.

한국도시연구소 출신으로 정부에서 활동하며 주거권과 공공주택 도입의 필요성에 대해 목소리를 높여온 전문가들[9]의 존재는 연구·운동 네트워크가 단시간에 급조된 것이 아니라 민주화운동을 거치면서 꾸준히 형성되어왔음을 보여준다. 김수현 전 청와대 정책실장, 변창흠 전 국토부 장관, 강현수 국토연구원 원장, 서종 균 주택관리공단 사장 등이 대표적이다. 행정권에 투입된 연구자 들은 정책 형성에 영향을 미치는 동시에 관련 지식이나 아이디어 를 제공하는 '정책–연결망policy-network'*의 일부로 오랫동안 인적 네트워크를 구축하며, 시민사회와 언론의 문제제기를 진지하게 받 아내고 실질적인 움직임을 끌어내는 연결고리가 되었다.[10]

사업의 중심 행위자인 이른바 586세대에게는 도덕적 부채감도 하나의 동기로 작용했다. 쪽방촌 사업 정책 입안자들은 노동·빈 민 운동을 아우르는 민주화운동의 경험을 공유했다. 이들이 운동 과정에서 갖게 된 도덕적 부채감은 정책 입안자로서 빈곤과 주거 문제를 해결해야 한다는 의지로 발현되었다. 홍인옥 도시사회연구 소 소장은 우리와의 인터뷰에서 이러한 당위의 감각이 586 운동 권 세대에서 공통적으로 발견되는 특징이라고 설명했다.

1987년 이후에 독재가 없어졌잖아요. 그러면서 이제 어디서 투쟁 할 거냐가 중요해졌죠. 그렇게 각자의 영역으로 간 거죠. 우리처 럼 연구하는 사람들은 학술운동으로 참여하기로 한 거고요. 그

• 정책–연결망 개념은 정책이 여러 사람과 사건, 담론, 법, 제도, 사물 등 다양 한 행위자가 국지적인 번역과 매개를 통해 연결되어 실행된다는 점을 강조한 다(김지현 2022).

동자동, 당신이 살 권리

래서 학술운동으로 사회적 실천을 하자. 전문 영역으로 할 수 있는 게 있다. (…) 사회적 문제를 분석하면서 근본적인 해결이 필요하다. 그런데 근본적인 게 뭐냐 했을 때 구체적인 게 없는 거예요. 끝도 없이 근본적으로 해결한다면서 구체적인 정책은 현장에서 작동할 수 없는 거 아니냐. 그래서 저는 현장에서 문제를 찾는 게 중요하겠다 (생각했어요).

_ 변 전 장관

제가 학교 다니던 1980년대를 보면, 그때는 노동운동도 많이 했지만 빈민운동을 굉장히 많이 했어요. 청계천만 하더라도 거기 살던 사람들을—지금 성남이죠—광주로 아무것도 없이 쫓아버리는, 그런 식의 개발 방식이 우리 현대사에서 계속 반복됐거든요. 목동도 그런 방식이었고 노원구 쪽 중계동, 상계동을 지은 것도 그렇고. 그때 우리가 했던 게 뭐냐면, 거기 살고 있는 세입자들에 대한 주거 대책을 세워주면서 지역 개발을 해라, 그런 오래된 요구였어요. 한 번도 그런 일이 없었잖아요.

_ 김 전 장관

하지만 이들 관료가 동자동 사업의 필요성을 이해하는 방식의 기저에는 여전히 쪽방촌을 도시문제로, 비소유 주민을 구제 대상으로 바라보는 시각이 깔려 있다. 서울역 '노른자위'에 속한 동자동 쪽방촌 일대는 '도시에 걸맞지 않은' 빈곤의 표상이자 처리해야 할 골칫거리로 취급되었다. 이때 쪽방촌은 전문적인 행정을 거쳐 관리되고 통제되어야 하는 공간으로, 쪽방 주민들은 제도적으로 보호받고 배려받아야 하는 사람으로 대상화된다. 전문가들은 쪽방촌 주민들을 당당하게 자기 권리를 요구하는 주체로 보기보다, 지원과 복지가 필요한 대상으로 바라보는 경향을 보였다.

서울역은 시내 요충지잖아요. 도심이기 때문에 이해관계가 굉장히 첨예하게 얽혀 있는 거죠. (…) 그런데 거기는 도시 전체의 미관을 위해서도 도시계획적으로도 잘 정리가 돼야 하거든요. 민간으로 하면 어떻게 되냐면…… 빨간색 동그라미에 파란색 네모 이렇게 지어놔요, 그러면 완전히 난잡해지잖아요. 도시계획 측면에서 잘 개발하는 게 필요하죠. (…) 문제는, 쪽방촌을 근본적으로 개선하지 않으면 계속 거기로 사람들이 들어온다는 거예요. 좌절된 사람들이 갈 데가 없으면 그렇게 슬럼가는 계속 유지가 되는 거죠. 그러니까 근본적인 개선이 반드시 필요하다…….
_ 김 전 장관

한 주택 공기업 연구원 오기양(가명)은 "공공 주도적인" 설계를 하기보다는 쪽방 주민들의 "생활양식"을 고려해야 한다고 지적하기도 했다. 사업을 진행함에 있어 주민들의 의견을 적극적으로 반영해야 한다는 것이다. 그러나 그조차도 비소유 주민들을 배려해야 할 약자로 묘사하는 모습을 보였다.

사업 비용이 늘어나면 누구를 위한 혜택이 줄겠어요? 저소득층을 위해서 배려하려고 했던 부분을 줄일 수밖에 없잖아요. (…) 이렇게 사업 기간이 길어지고 비용 구조가 자꾸 증가할 때 이 사람한테 쓰려고 했던 게 100이라고 치면 그걸 줄이게 되겠죠.
_오기양 연구원

물론, 쪽방촌을 도시의 미관을 해칠 우려가 있는 슬럼이자 정부 차원에서 근본적으로 해결해야 할 문제적 공간으로 취급하는 한계가 있었을지라도, 쪽방촌 사업으로 주거환경 개선의 실질적 토대를 마련한 이들의 기여를 과소평가할 수는 없다. 쪽방촌 사업은 특정 인물, 사건, 정부, 정책의 결과라기보다 그 연결망이 형성되고 확장되는 가운데 이루어진 것이라고 보아야 할 것이다.

이렇듯 공공주택사업은 여러 요인이 오랜 시간을 거쳐 교차하고 얽히는 가운데 등장했다. 이 과정이 적극적인 의지와 노력의 산물이기도 했다는 점을 또다시 기억해야 한다. 국일고시원 사건처럼 도시빈민의 취약성을 적나라하게 보여준 참사도 언론과 사회운동의 집요한 개입이 없었다면 국민이 관심을 기울이고 국정의 변화를 촉구하는 사회적 사건으로 부상하지 못했을 것이다.

한편 공공주택사업에 주도적으로 참여한 586세대의 특이성이나 정책 연구와 사회운동의 상호작용 같은 요인들은 시기에 따라 사업을 촉발할 수도, 굴절시킬 수도 있음을 고려해봐야 한다. 우리는 정책 과정을 분석할 때 '정부'를 중립적인 단어로 취급하곤

정부가 동자동 공공주택사업을 발표한 지 한 달여가 지난 2021년 2월 18일, 쪽방 주민들의 자조조직인 동자동사랑방과 동자동사랑방마을주민협동회 주최로 동자동 새꿈공원에서 집회가 열렸다. 참여자들은 정부가 자신들을 공공개발의 '수혜자'로 바라보는 시선을 비판하며, 자신들이 주거권의 정당한 요구자, 공공주택사업 과정의 동등한 대화자임을 환기했다.

하지만, 거대 양당이 극한 대립을 일삼는 한국 사회에서 4년, 5년을 주기로 돌아오는 선거는 정부 정책에 상당한 영향을 미친다. 실제 동자동 사업은 정권의 부침에 따른 충격을 고스란히 받았다. 2021년 서울시장 보궐선거와 2022년 대통령 선거, 같은 해 5월 지방선거를 거치면서 대통령과 서울시장이 모두 바뀌었다. 그렇게 2021년 2월 동자동 공공주택사업 발표를 지휘했던 인사들 대부분이 현직을 떠났고, 실무진은 대부분 다른 부서로 자리를 옮겼다. '전임자 지우기'와 같은 한국 정치의 고질적인 병폐가 주거정책의 전환점이 된 동자동 사업까지 뒤흔드는 건 아닌지 우려스럽다.

　하지만 역사가 지금껏 우리에게 보여준 대로 정책의 생애는 여

동자동, 당신이 살 권리

러 구조적 제약에도 불구하고 인간의 생애만큼이나 탄력적이고 때로 우발적이다. 혼돈 속에서 새로운 기회를 포착하고 정치적 영향력을 행사하려면 끈질기게 목소리를 내는 것 외에 방도가 없다. 정권이 바뀐 뒤에도 동자동 쪽방 주민과 활동가들은 조속한 지구 지정을 촉구하는 시위를 계속하고, 시민사회와 연대하여 동자동 사업을 공공주택 확대, 적정 주거 확보, 기후정의 실현을 위한 마중물로 만들기 위해 노력하고 있다. 다음 장에서는 이러한 노력의 의미를 한국 사회 주거권운동의 긴 흐름 속에서 되짚어본다.

김민재, 김흥준, 서주은, 이유진, 이지원, 이채윤, 조문영, 최명빈

도시빈민의 '집'
─ 물리적·제도적 폭력의 역사

우리나라 헌법은 주거권을 직접적으로 명시하진 않지만, 관련 조항을 통해 주거권을 실질적으로 보장하고 있다. 헌법 제16조는 "모든 국민은 주거의 자유를 침해받지 아니한다"고 규정하며, 제 35조 1항은 "모든 국민은 건강하고 쾌적한 환경에서 생활할 권리를 가지며, 국가와 국민은 환경보전을 위하여 노력하여야 한다", 제35조 3항은 "국가는 주택개발정책 등을 통하여 모든 국민이 쾌적한 주거생활을 할 수 있도록 노력하여야 한다"라고 적시한다. 헌법은 모든 국민의 재산권을 보장하나, "재산권의 행사는 공공

복리에 적합하도록 하여야 한다"는 점을 명시하고 있다(제23조). 다시 말해, 모두가 안전한 집에서 살 권리는 공공의 복리에 필수적인 것으로, 특정 개인이 재산을 증식할 권리와 맞바꿀 수 있는 게 아니다.

국가가 미온적으로나마 인간다운 생활을 위한 주거 권리를 보장하는 움직임을 보여왔음에도, 오늘날 우리 사회에서 주거권은 여전히 낯선 개념으로 남아 있다. 재산권이 ('공공필요'에 따라 제한될 수 있다고 헌법에 적시돼 있지만) 신성불가침의 권리인 것처럼 통용되는 상황과는 정반대다. 2022년 11월 정부의 공공주택 예산 삭감에 항의하기 위해 시민단체들은 '내놔라 공공임대 농성단'을 조직하고, 서울 여의도 국회 앞에서 69일간 천막 농성을 벌였다. 동자동 쪽방 주민들도 연대한 집회에서 이재임 빈곤사회연대 활동가는 "주거권이 낡고 낡은 언어가 되어 사람들 사이에서 인권처럼 두루 쓰이면 좋겠다"라는 바람을 전하기도 했다.

이렇게 주거권 개념은 낯설어도 인간다운 주거를 향한 열망과 노력은 꾸준히 이어져왔다. 헌법에서 명시한 "건강하고 쾌적한 환경에서 생활할 권리"를 넘어, 가난한 삶을 살아가는 '우리'의 집을 만들기 위한 공동체적 움직임, 국가와 자본으로부터의 축출·소외·배제에 맞선 빈민 당사자의 저항, 취약한 존재의 지평을 넓혀가며 더불어 살아갈 환경을 모색한 시도들은 (당시에는 주거권 개념으로 명명되지 않았다 해도) 한국 주거권운동 역사의 소중한 자취나. 정부의 쪽방촌 공공개발 발표가 이례적인 사건이 아니라 오랜 반빈곤 실천의 결과인 이유다.

도시빈민이 '집'을 지키기 위해 싸워온 지난한 역사는 한편으로 국가와 자본이 그들에게 가한 물리적·제도적 폭력의 역사이기도 하다. 우리 현대사에선 도시빈민이 가난하다는 이유로 반평생 살았던 삶의 터전에서 하루아침에 내쫓기고, 인간다운 삶을 위한 최소한의 주거 권리를 침탈당하는 일이 여러 차례 반복되어왔다. 모두에게 당연히 보장되어야 할 기본적 권리를 외쳤던 목소리는 자본주의 도시화와 개발 신화에 묻히면서 일찌감치 도태된 도시 하층민의 한탄 정도로 치부되었다. 자산을 가진 이들의 재산권이 모든 가치 가운데 우위에 놓이고, 도시에서 간신히 연명해온 이들의 삶의 공간인 집은 재산권 보호라는 미명 아래 쉽게 침탈되고 파괴되었다. 이렇게 오랫동안 유지돼온 일방적 폭력의 구도는 아직까지 공고하기만 하다.

경제개발이 빠르게 이뤄지던 1960년대, 도시는 가난한 사람들을 '필요로 했다'. 산업 현장에 투입할 값싼 노동력이 필요했기 때문이다. 당시 일자리를 얻기 위해 농촌에서 도시로 이동하는 인구가 급증했는데, 1960년부터 30년간 서울 인구는 매년 약 30만 명씩 가파르게 증가해 전 국민의 약 20퍼센트가 서울에 거주하는 상황에 이르게 됐다(김수현 2021). 이에 따라 도시 과밀화와 주거난 문제도 심화됐다. 도심 주변 판자촌은 새롭게 몰려드는 인구를 수용할 손쉬운 해결책이었다. 정부는 대규모 경제개발사업을 차질 없이 추진하기 위해 편법으로 지어지던 무허가 판자촌들을 사실상 묵인했다. 그러다 1966년 '불도저 시장'이라 불린 김현옥 서울 시장이 취임하면서, 정부는 도심 인근의 판자촌을 흑석동, 사당동, 봉천동, 신림동, 시흥동, 상계동 등 당시만 해도 변두리였던 지역으로 재배치하는 사업을 추진했다(김수현 2021). 김현옥 시장은 별명에 걸맞게 서울을 근대화된 공간으로 재편하기 위한 대규모 도시개발사업을 다수 진행했다. 무허가 건물을 철거하고 그 자리에 아파트를 건설하는 시민아파트사업과 도시빈민을 위성도시에 이주시키는 광주 대단지사업이 대표적이다. 당시 서울에서 진행된 도시개발사업은 1961년 5·16 쿠데타로 집권한 군사정권의 국가 주도 경제개발과 맞물려 빈민을 추방하고, 도시를 중산층의 공간으로 재편하는 과정이었다(박홍근 2015). 대대적인 판자촌 철거 및 아파트 건설은 국가가 생각하는 이상적인 개발 계획에 맞춰 "싸고" "빠르게" 추진됐다. 판자촌이 위치하던 곳에는 시민아파트가 대거 들어섰고, 도시빈민은 살던 곳에서 주변부로 밀려났다(슈아 2012).

엄청난 속도로, 터무니없는 비용으로 진행된 판자촌 재배치 사업은 여러 부작용을 낳았다. 부실공사로 마포 와우시민아파트가 붕괴되는 사건이 발생했으며*, 경기도 광주에 강제로 이주당한 주민 5만여 명이 최소한의 생계수단 마련을 요구하며 생존권 투쟁을 벌인 8·10성남(광주대단지)민권운동이 촉발됐다.[1] 전남 광주에서는 철거에 저항하는 과정에서 움막집에 살던 청년 박흥숙이 네 명의 철거반원을 살해한 이른바 '무등산 타잔' 사건(1977)이 발생하기도 했다(김원 2011).

이렇게 1970년대까지만 해도 무허가 가옥주가 주도했던 철거 반대투쟁은 정부가 민간 주도의 합동재개발 방식을 도입하면서 세입자들의 운동으로 그 전개 양상이 바뀌어갔다. 앞서 말했듯 합동재개발 방식의 재개발사업은 역내 토지·건물 소유주들이 재개발조합을 설립하여 불량주택을 자진 철거한 후, 건설업체를 참여시켜 개발비를 선투자하도록 해 주택을 건립한 후 조합원은 종전 토지 등의 가격에 상응하는 주택을 우선 분양받고 일반분양을 하여 사업비를 충당하는 것을 골자로 한다. 1986년 아시안게임과 1988년 서울올림픽을 앞두고 재원 부족과 행정 역량 미비 사태에 직면한 서울시는 불량주택지역의 높아진 부동산 가치를 담보로 민간 건설사의 사업 참여 폭을 크게 확대하기 시작했다(장성수·윤혜정 2002: 82).

합동재개발은 개발의 풍경을 정부와 주민의 대립에서 토지·가옥주(조합, 건설사)와 세입자 간의 대립으로 바꾸어놓았다.[2] 조합과 건설사는 그곳에 거주하던 세입자들의 사정을 전혀 고려하지 않고 개발을 강행했다. 앞서 1983년 서울 목동 신시가지 아파트 개발은 토지공영개발사업의 형태로 착수되었으나 정부가 서민주택

● 　서울시는 당시 13만 여 동의 무허가 건물 가운데 9만 동을 철거하고 시민아파트를 건설하고자 했다. 그러나 급속한 정책 추진 과정이 낳은 부실시공으로, 1970년 4월 8일 시민아파트 중 한 곳인 마포 와우시민아파트가 붕괴됐다. 이 사고로 서른세 명이 사망했다(최은영 외 2018).

대량 공급이라는 원래의 계획을 접고 올림픽 재원을 마련하기 위해 고급 아파트를 짓기로 하면서 가옥주와 세입자의 동시적인 저항을 불러일으켰다. 이후 사당동, 신당동, 창신동, 상계동 등 서울 곳곳에서 합동재개발이 본격적으로 시행되면서 강제철거와 가옥주-세입자 간 대립은 더욱 극단으로 치달았다. 재개발조합이 수도와 전기를 끊거나 전문 철거용역을 동원해 한겨울에도 무자비하게 사람들을 내쫓고 집을 부숴버리곤 했던 폭력적인 철거 방식은 아직도 많은 사람의 기억에 생생히 남아 있다.

가난한 사람들을 향한 폭력은 철거 현장에만 국한되지 않았다. 도시빈민은 심각한 노동착취와 인권유린의 환경에 빈번히 노출되었다. 1987년에야 언론에 보도된 부산 형제복지원 사건은 당시 전국 최대 규모의 부랑자 수용시설에서 발생한 불법 감금, 강제노역, 구타 사건이다. 1961년 발생한 대한청소년개척단(서산개척단)에서 자행된 폭력은 "고생은 땀으로 보상한다"는 명목으로 부녀자, 청년 등을 납치하여 무임금으로 노동을 착취한 사건이다. 한국의 자본주의는 노동자를 헐값에 착취하고 헌신을 강요하면서 발전했지만, "민간복지사업이라는 또 다른 자본주의는 시설에 수용된 부랑인으로 호명된 도시하층민의 몸을 착취함으로써 성장했다"(김재형 2021: 19). 집이 없거나 열악한 집에 머무는 홈리스* 상태는 가난한 이들의 삶을 특히나 위태롭게 만든다. 형제복지원, 서산개척단 사건은 집 없는 가난한 이들에게 집을 제공한다는 명목으로 얼마나 끔찍한 폭력이 가해졌는지, '집이 없다' '집다운 집에 살지 못한다'는 사실이 개인을 얼마나 취약한 존재로 만드는지를 여실히 보여주는 충격적인 사건들이다. 집 없는 도시빈민의 취약성을 이용해 이들을 물리적·제도적으로 착취하는 사건이 자행되는 동안 대부분의 시민은 방관자로 남았다. 사회보장 시스템을 확충하는 대신 각자도생을 강요했던 발전국가 체제는 시민 다수의 관심이 "(유일한 안전망인) 제 가족의 안전과 영속에 매몰된 사회"를 낳았다(조문영 2022a: 29). 주변을 돌아보고 세계를 감각할 시야를 완벽히 축소해버린 사회에서 집은 너무나 쉽게 자산과 동의어가 되어버렸다.

꿈 같은 일

"우리한텐 진짜 얼떨떨한 꿈 같은 일이었는데 건물주들은 확 들고 일어났어요." 동자동 사업이 발표된 날을 떠올리며 한 쪽방 주민이 말했다. 반면 "확 들고 일어났"다는 말에서 알 수 있듯, 대

●   노숙인에서 노숙은 한자로 이슬 로露와 잘 숙宿으로, 이슬을 맞으며 자는 사람을 뜻한다. 그러나 노숙을 하는 사람 중에도 노숙인 시설이나 쪽방, 고시원, 여관 및 여인숙, PC방, 만화방 등을 옮겨 다니며 불안정한 생활을 이어가는 이가 많다. 따라서 노숙인보다는 주거가 박탈less된 상태를 뜻하는 단어 홈리스가 현실 문제를 더욱 정확히 표현한다고 판단해 이 글에서는 법적으로 노숙인을 지칭할 때를 제외하곤 홈리스를 주로 사용하기로 했다.

부분의 소유주는 사업이 민간이 아닌 공공개발로 결정되었다는 데 격렬히 반대했다. 그들은 서울 노른자 땅에 공공주택을 짓는 건 사회주의나 다름 없다며 오래된 색깔론에 불을 지폈다. 정책을 시행하는 관계자들조차 동자동 공공주택사업을 "손해를 무릅쓴 사업"이라 말하거나, 동자동을 "철거 대상""말도 안 되는 가격에 제공하는 주거지"라 불렀다. 그곳에서 밥을 먹고 잠을 자는 거주자들 외에, 다수의 외부인에게 동자동은 여전히 '저 아래'에 있는 동네였다. 쪽방 주민도 낙인과 혐오를 뒤집어쓰든, 보호와 배려의 대상이 되든 '저 아래'에 있는 존재였다.

　도시빈민의 주거를 둘러싼 물리적·제도적 폭력의 역사를 돌아볼 때, 집을 소유하지 않았다는 이유만으로 내쫓김을 숙명처럼 받아들여야 했던 사람들이 제한적으로나마 법적 보장과 배려의 대상이 됐다는 점을 다행스럽게 여겨야 할까? 동자동 공공주택 사업이 발표된 2021년 2월, 오랫동안 주거권운동에 헌신해온 단체들은 사업에 대한 '의견제출서'를 냈다. 이들은 정부의 공공개발 결정을 환영하면서도 동등한 개발 주체로서 주민의 역할이 부각되지 않는 점을 두고 아쉬움을 표했다. 일례로 빈곤사회연대는 "동자동에는 주민들의 자치조직인 동자동사랑방과 사랑방마을주민협동회가 활발히 활동하고 있"다며 "개발사업 계획 수립 및 진행 과정에서 주민 조직의 목소리가 적극 반영될 수 있도록 공공주택 추진 TF 참여 보장 등이 필요"하다고 강조했다.

　이러한 문제제기는 단순히 시혜적 시선에 대한 불편함에서 비롯된 게 아니다. 오랜 빈민운동의 역사를 돌아볼 때, 가난한 사람들의 자생적인 노력은 쉽게 잊히고 무시되거나, 이들을 '돕겠다고' 모여든 주체들에 의해 자의적으로 평가되고 왜곡되는 일이 다반사였다(조문영 2001, 2022b). 권위를 가진 사람이 빈자를 연민의 대상으로 소환할 때, 그들은 꼼짝없이 불쌍한 존재가 되어버린다. 이들이 상황을 함께 견디고 극복하기 위해 기울였던 노력이나 저항은 곧잘 가려진다.

당사자들의 실천과 노력이 외부 지원에 의해 굴절된 역사는 1960년대 공동체운동으로 거슬러 올라간다. 도시빈민은 스스로 생산조직을 만들고 연대의 힘으로 빈곤을 극복하겠다는 신념으로 판자촌 밀집 지역에서 다양한 공동체운동을 조직하고 협동조합을 설립했다. 1990년대 말 외환위기 이후 정부가 대량 실업이라는 난제에 직면했을 때, 이러한 조직들은 국가의 빈곤 대응에 동원할 수 있는 유용한 파트너로 부상했다. 정부는 자활사업이란 명목으로 빈민들의 생산조직을 지원했고, 이러한 민관 협력은 기존의 공동체운동이 국민기초생활보장제도[3]의 자활 프로그램에 편입되는 결과를 낳았다(김수영 2013). 자활사업은 여러 성과를 남기기도 했지만, 자원을 연결하고 나눔으로써 상호의존의 지평을 넓히고자 했던 주민들을 관료제적 양식과 인증·평가·관리에 복속시키는 역설을 낳았다(조문영 2022b). 하지만 이들은 복지정책의 수혜자, 정부 개입의 수동적 대상으로만 남지 않았다. 상호의존을 통한 자립·자활을 도모했던 공동체운동부터 국가와 자본의 폭력

동자동 쪽방촌 주민이 공공주택사업 환영 의사를 밝히는 스티커를 문 앞에 붙이고 있다. 그는 "내가 살고 싶은 집은?"이란 질문에 친필로 "욕실 있는 집에 살고 싶다"고 썼다. 협동회 제공.

에 맞선 철거반대투쟁까지, 가난한 사람들, 그리고 이들과 연대한 활동가들이 주거를 쟁점화해온 역사를 복기할 필요가 있다.[4]

가난한 '우리'의 집 만들기

모두가 분주한 서울역, 그 주변 화려한 고층건물 사이에 동자동 쪽방촌이 있다. 가난의 상징으로만 보이는 이곳은 주민들이 나날의 삶을 영위해나가는 생활의 공간이다. 주민들에게 쪽방은 단순히 몸 누일 곳 이상의 장소다. 두 평도 채 되지 않는 좁고 열악한 공간일지언정 이들에겐 노숙으로 내몰리는 일을 막아주는 마지막 보금자리다. 대부분의 쪽방 주민이 고령에 몸까지 성치 않아서, 쪽방은 곧 생존과 직결되는 공간이다. 좁디좁은 공간일지라도 누군가에게는 꼭 지켜야 할 주거지이자 이웃, 세상과 연결돼 살아가는 삶의 터전이다.

주민들이 꾸린 자조조직인 협동회와 사랑방도 이곳에서 활발한 활동을 이어가고 있다(6장 참고). 협동회는 신용불량자 주민에게 낮은 금리로 돈을 대출해준다. 어버이날 행사, 생필품 공동구매, 마을 청소, 무연고 장례 등 다양한 공동체 활동도 이뤄진다. 기본적인 운영 방침은 주민 출자, 주민 운영이다. 그만큼 이곳에선 주민 스스로의 힘이 중요한 가치다. 외부의 지원이나 활동가를 통한 성취가 아닌, 스스로 이뤄내는 성장이 목표다.

협동회와 사랑방은 동자동에서 어느 순간 갑자기 출현한 조직이 아니다. 이들은 과거 빈민운동의 흐름에서 시작된 지역주민운동(주민조직)community organization, CO의 연속선상에 있다. 주민운동은 가난한 사람들의 집을 개별적인 주거지로 한정하지 않고, 빈민들과 함께 지역과 마을을 일구는 실천을 주도했다. 우리나라에서는 1960년대 종교계에서 도시빈민의 어려움을 해결하려는 노력으로 지역주민운동을 시작했고, 마포 와우시민아파트 붕괴 사건

직후인 1971년 수도권도시선교위원회가 조직되면서 본격적으로 활동 범위를 넓혀갔다.[*]

빈민운동의 대표 현장인 경기도 시흥 복음자리를 주도적으로 일군 제정구 선생과 정일우John V. Daly 신부는 청계천변 판자촌에서 처음 만났다(신명호 2017).[5] 제정구 선생은 연세대 도시문제연구소의 주민조직 프로그램에 참여한 활동가였으며, 정일우 신부는 아일랜드계 미국인으로 예수회에서 활동했다. 두 사람은 청계천 판자촌 빈민의 생활을 보고 그곳에서 그들과 함께 살기로 다짐했다. 청계천 판자촌 철거 이후인 1975년부터는 양평동 판자촌에서 생활하며 주민사랑방을 만들고 일을 거들며 마을의 일원으로 살아갔다. 두 사람과 교분이 있었던 고 김수환 추기경이 양평동사랑방을 방문해 그곳에 복음자리라는 이름을 붙여준 것을 계기로, 복음자리는 새로운 공동체 마을의 이름이 되었다. 양평동 판자촌 철거가 결정된 1977년 4월, 제정구 선생과 정일우 신부는 주민이 다 함께 이주해 살 수 있는 마을을 건설하기로 했다. 그 후 당시까지만 해도 오지였던 경기 시흥군 신천리를 터전으로 낙점한 후, 170세대의 주민과 함께 집단 이주를 감행했다. 이들이 이

---

[*] 미국 사회운동가 솔 D. 앨린스키는 주민이 자신의 힘으로 문제를 해결함으로써 지역사회와 삶의 주인이 되기를 바랐다(고수봉, 「민중선교와 주민조직운동」, 에큐메니안, 2017년 10월 13일 자). 앨린스키의 주민조직 이론과 전략은 1960년대 말 국내에 도입된 후, 1969년 연세대학교 도시문제연구소에서 기획한 주민조직가 훈련 프로그램에 반영된 바 있다.

룬 공동체는 지원받은 토지 구입비와 건축비를 모두 주민의 힘으로 상환하는 등 외부 기관의 원조를 받지 않겠다는 원칙을 지키려 했다. 전기와 수도 시설은 물론 대지조차 정돈되지 않았던 공터에서 사람들은 함께 기반시설과 주택을 건설해나갔다. 마을 설립 전 과정에 의심을 품은 일부 주민들에 의해 주택 계약과 해지가 반복되고, 제정구 선생은 주민들에게 먹살이 잡히는 수모를 겪기도 하는 등 과정이 순탄치만은 않았다. 하지만 역경을 딛고 1977년 9월 복음자리 마을이 탄생했고, 제 선생은 건설 과정에서 몸을 아끼지 않은 공로를 인정받아 주민들로부터 감사패를 받기도 했다. 복음자리 주민과 활동가들은 신협과 장학회를 설립하고 잼 만드는 생산자 공동체 '복음자리'를 만들기도 했다.

활동가들은 주거·교육·탁아 문제와 더불어 경제적 생산 활동을 아우르는 주민조직 건설에 관심이 많았다. 지역이 건강하게 유지되려면 먹고 사는 문제부터 해결해야 한다고 생각했기 때문이다(우순영 2017). 빈민운동, 생태운동, 민중교육운동에 두루 헌신해온 고 허병섭 목사는 이와 같은 문제의식을 발전시킨 대표적 인물이다. 그는 1988년 목사직을 내려놓고 서울 월곡동 현장에서 본격적인 주민조직 활동을 시작해 이듬해 한국 최초의 일용직 노동자 공동체인 '건축일꾼 두레'를 만들었다. 전통적인 협동조합 방식인 두레를 활용해 건축주와 건축노동자 사이의 직거래를 성사시키고자 조직한 생산 협동 공동체였다. 스페인 몬드라곤협동조합의 사례를 참조한 건축일꾼 두레는 한국 생산 협동조합 태동의 마중물이 됐고, 서울 노원·도봉 지역에서 야학 졸업생을 중심으로 추진되던 공동 작업장이 1992년 노동자 생산 협동조합 '실과 바늘'로 전환된 계기가 됐다. 주민들은 일본으로부터의 창업 지원금과 교회 지원금, 조합원 출자금으로 공장을 임대하고 미싱을 구입했다. "같이하는 우리들의 작업장"을 만들자는 일념으로 직접 봉제 기술을 배워가며 문제를 함께 해결하고자 했다. 경영과 기술력의 부족으로 공장은 결국 문을 닫았지만, 협동조합을 도모한 동료들은 "자신들이 속한 개별 공동체만이 아니라 빈곤과 소외를 재생산하는 사회를 변화시키기 위해 마을과 사회를 새로운 공동체로 형성해가려는 비전과 꿈"을 공유했다(김홍일 2006; 우순영 2017: 288에서 재인용).

서울 관악구 난곡에서 전개된 주민운동도 "가난한 사람들이 의존의 그물망을 함께 새로 짜는 실천"(조문영 2022b: 93)으로서 자활·자립의 의미를 복기하는 데 중요하다(한재랑·박기홍 2017; 한재랑 2018). 난곡은 1960년대 초까지만 해도 대부분의 땅이 논밭과 공동묘지, 숲이었다. 그러다 1960년대 후반 서울시가 대방동 뚝방길 지역을 철거하고 주민들을 집단으로 난곡에 이주시켰을 때, 수천 세대의 집단 이주와 공동묘지 이장이 동시에 이루어진 까닭에 난곡은 오랫동안 '낙골'로 불렸다. 청계천 일대와 창신동에서 활동해온 김혜경은 그때부터 난곡에서 주민조직 활동을 시작했다. 그는 매일 아이를 둘러업고 난곡을 방문해 주민들과 친분을 쌓았고, 그 과정에서 또래 여성들과 국수모임을 결성했다. 국수모임이 생활 나눔으로 발전하면서 주민들이 마을 환경 개선, 공동구매 등을 함께 진행했고, 새로운 주민들을 끌어들였다. 김혜경 활동가와 국수모임 회원들은 가난한 사람들의 의료권 문제를 고민하다 서울대학교 의과대학 가톨릭 학생회의 진료 봉사를 추진하기도 했다. 진료 봉사는 주민들에게 큰 호응을 얻었지만, 타지역 사람들까지 의료 서비스를 받겠다고 몰려들면서 혼란이 발생했다. 이에 주민들은 직접 활동 준칙을 정했고, 그 과정에서 1976년 난곡희망의료협동조합이 탄생했다. 조합원들은 함께 모은 회비로 그동안 쉽게 접근하지 못했던 의료서비스를 누리고, 여러 행사를 공동으로 조직하면서 소속감을 얻고 스스로의 역량을 확인하기도 했다. '협동'과 '스스로'의 가치를 확인한 주민들은 학생운동이나 노동운동을 거쳐 난곡을 찾은 청년들과 함께 일상적인 교육과 돌봄, 단합 활동을 전개해나갔다.

1980년대 이후에는 앞서 확인했듯 대규모 철거반대투쟁이 사회적 쟁점으로 부상했고, 주민조직을 통한 빈민운동이 민주화운동과 결합하는 사례가 늘었다. 활동가들은 주민에 대한 이해를 바탕으로 공부방, 탁아소, 야학, 도서실 등 다양한 센터를 조직했고, 센터를 매개로 지역 주민과 만나고 타지역의 주민·활동가들과 연대했다. 1985년 지역사회탁아소연합회, 1989년 서울지역공부방연합회가 설립되면서 혈연가족 너머 지역 돌봄의 문제의식이 확산되었다. 1989년에는 서울시철거민협의회(서철협)와 전국노점상연합회(전노련)의 주도하에 여러 빈민운동단체가 연합하여 전국

빈민연합(전빈련)이 결성되었다. 이들이 전개한 주민운동은 가난한 사람들이 자기 손으로 삶터를 마련하고 함께 생존을 도모한 공동체운동으로서, 자립·자활이 복지 수급자의 '의존'을 환기하는 언어로 전락한 오늘날 새롭게 조명될 필요가 있다.

1990년대 이후 주민운동은 가난한 사람들이 모인 '현장'에서 이들이 다양한 사람들과 어울려 사는 '지역'으로 운동의 장소를 확장했다. 대단위 빈민 지역의 재개발사업이 상당 부분 완료된 배경도 있지만, 무엇보다 5·16 군사정변으로 약 30년간 중단되었던 지방자치제도가 부활한 게 주요 동인이 됐다(신명호 1999; 조문영·장봄 2016). 1991년 기초의회 선거, 1995년 지방의원 선거의 부활은 주민운동에 새로운 활기를 불어넣었다. 활동가들은 후보자를 육성해 지방정치에 적극적으로 참여하기 시작했고, 주민조직을 교육하고 운동단체 간 네트워크를 구축하고자 1996년 한국주민운동교육원, 코넷CONET을 설립했다(설립 당시 명칭은 한국주민운동정보교육원). 과거 주민운동에서 강조해온 공동체 정신을 복기하면서, 코넷은 집을 개인들의 사적 공간으로 구획하는 대신 마을을 조성할 기반으로 보았다. 정부 주도하의 '마을만들기'가 권력과 자본에 종속되는 한계를 지적하면서, 코넷 활동가들은 "사회적 약자가 시혜의 대상에 머무르지 않고, 자신의 힘으로 당당한 마을공동체의 구성원이 될" 수 있는 주민협동공동체를 조직하는데 중점을 뒀다(한국주민운동교육원 2014: 43). 주민운동 조직이 정부의 마을만들기나 도시재생 프로젝트에 참여할 때도 주민 주도

성과 공동체성이 발현될 수 있는가가 중요했다. 주민들이 일방적인 복지의 수혜자로 전락하지 않고 자발적으로 공동체적 기반을 만드는 것을 주거권 향상의 필수 요건이라 본 것이다.

재개발이 되면 가장 큰 문제는, 거기서 가난한 사람들이 사는 공동체가 무너진다는 거예요. 가난한 사람들은 같이 모여 있어야 먹고 살아요. 같이 일거리도 나누고. 이런 공동체가 해체된다는 겁니다. (…) 마을의 지형, 터, 골목길 등 해당 주거지의 특성을 보존해서 마을 공동체 활성화를 하는 것이 주거지 보전사업입니다. 재개발과 도시재생을 결합한 방식인 거죠. 전면 철거형 정비사업은 기반시설의 교체 같은 급격한 변화를 낳고 지역 커뮤니티를 훼손해요. 그래서 재생사업과 결합해서 이렇게 마을을 만드는 거죠. 공동체가 공생하는…….
_ 임정혁(가명) 주거연합(주거권실현을위한국민연합) 이사

가장 가난한 주민들이 사는 이 속에서 어떤 공동체가 일어나고, 그 주민들 스스로 자기 힘으로 뭔가 자기 삶의 문제를 해결한다는 것. (…) 자기 문제는 자기가 해결해야 된다. 투쟁을 하든 요구를 하든 만들어내든. (…) 주민들이 자치를 해야 합니다.
_ 황현민(가명) 코넷 전 대표

집은 생존의 문제다
— 철거반대투쟁

주거권운동은 주민들이 함께 지역·마을·공동체를 일구면서 가난한 '우리'의 집을 만드는 실천이자, 이들이 자신의 삶터를 지켜내기 위해 벌여온 고된 투쟁이기도 했다. 강제철거와 강제이주는 과거의 일이 아니다. 우리 주변에는 아직도 '강제로 쫓겨나는 사람들'이 있다. 동자동 옆 양동에서 진행 중인 민간개발에서도 폭력이 되풀이됐다. 2019년 가결된 양동 재개발구역 정비계획 변경안은 절반 이상의 양동 주민을 동네에서 쫓아냈다. 주민들은 재개발 소식조차 전해 듣지 못한 채 쪽방 관리인과 소유주의 거짓말에 속아 이주에 필요한 적정 금액의 보상도 받지 못하고 양동을 떠나야 했다.

양동은 2019년도 10월에 주민 수가 473명이었단 말이에요. 그런데 2021년 1월부터 3월까지 시행사 측에서 조사를 하니까 230명이었어요. 230명. 절반이 넘게 날아갔어요. (…) 굉장히 약하고, 잘 모르고, 사회적 관계가 없고 이런 사람들 그냥 뻥 차버리기 되게 쉬워요. 민간개발 진행된다고 하면 (주민들) 내보내요. 다 내보내고 임대주택 15퍼센트만 지어도 충분해, 이런다고요. 근데 공공주택사업을 하면 어쨌든 공공에서 접근하기 때문에 이탈 방지를 위해서 어떻게 할 것인가 하는 부분을 굉장히 신경 쓰게 되겠죠.

강제철거 방식의 재개발이 될 것을 우려한 주민들은 양동쪽방 주민회를 조직했다. 동자동 주민들과 활동가들 또한 목소리를 보탰다. 주거권운동 단체들과 각종 연대체가 함께하는 홈리스주거팀을 만들고 지속적으로 의견을 내는 과정도 이어졌다. 주거권을 보장하라는 요구가 계속되자 서울시는 2021년 6월 영등포 쪽방촌에 적용한 선이주 선순환 방식을 양동에도 적용하고, 기존 주민을 위한 임대주택을 공급하기로 계획을 변경했다. 민간개발에서 처음으로 원주민 이주 대책이 마련된 것이다.

한국 사회 철거반대투쟁의 역사를 좀더 들여다보자. 1970년대 8·10성남민권운동, '무등산 타잔' 사건 등은 국가의 폭력적인 철거 방식에 대한 저항이었으나, 조직적인 운동이라기보다는 산발적인 대응에 가까웠다. 세입자 대책 문제가 본격적으로 부각되기 시작한 것은 1983년 서울 목동 신시가지 개발계획이 발표되고부터다. 1984년부터 약 1년 동안 11명이 구속되고 100여 차례의 시위가 전개됐을 만큼 목동 주민들은 적극적으로, 또 필사적으로 자신들의 몫과 권리를 주장했다. 목동 투쟁은 주민조직이 자발적으로 벌인 활동이었다는 점에서 이전의 산발적인 철거반대운동과 달랐다. 주민들은 처음으로 세입자대책위원회를 조직해 가옥주와 공동으로 투쟁했고, 시위, 농성, 진정서 등을 통해 전방위적으로 강제철거에 대응했다. 또 종교단체, 학생운동 단체와 적극적으로 연대하며 운동의 파급력을 키우기도 했다(박현주 2006). 그동안 무시됐던 세입자 대책이 사회적 개입이 필요한 사안으로 부상한 것도 이런 싸움의 결과였다.

1980년대 지배적인 개발 방식이 된 합동재개발은 주민(조합)이 시행자, 민간기업이 시공사가 되어 진행되었기 때문에 주민을 가옥주와 세입자로 나누어 갈등을 부추기고 철거 폭력의 수위를 높였다. 초기 세입자 투쟁은 구체적인 요구 사항을 제시하기보다 적정한 수준의 보상을 요구하는 수준에 그쳤다. 하지만 시간이 지나면서 아파트 입주권이나 대토, 임대아파트 등 구체적이고 다양한 요구가 등장했다.

서울 사당동과 상계동은 1980년대 대표적인 세입자 투쟁 현장이었다. 서울 사당3동 산 22번지 일대의 재개발 계획이 발표된 건 1981년 10월이었다. 하지만 주민들은 평수와 세대수가 처음에 논의된 바와 전혀 다르게 통보되자 계획에 반발하며 철거를 거부했고, 동작구청은 약 1600명의 철거반원과 기동 경찰을 동원해 강제철거를 진행했다. 이 과정에서 열아홉 명의 부상자가 발생했다. 사당3동 세입자들은 현장에서 노숙을 하며 버텼고, 세입자대책위원회를 구성해 조직적인 저항을 전개했다. 3년 후 이들은 이주비 300만 원과 공공임대아파트 건설 약속을 받아내며 투쟁을 마무리했다.

서울 사당2동 재개발은 1984년 본격적으로 착수됐다. 하지만 투기꾼들이 몰려들면서 1988년에는 원주민 조합원 2337가구 중

300가구만이 남게 됐다. 사당2동 주민들은 도시빈민에게 장기 융자 임대주택을 보장할 것을 요구하며 국회의사당 시위, 이수역 앞 연좌 농성 등 다양한 투쟁을 전개했다. 그 과정에서 국무총리 담화까지 끌어내며 세입자 문제를 일부 지역에 한정된 의제가 아닌 전국 차원의 의제로 발전시켰다. 또한 '장기임대주택' '영구임대주택' 등의 키워드를 등장시키며 세입자들의 요구를 구체화시켰다.[6] 이들의 싸움은 소기의 목적을 이루진 못했으나, 이어진 철거투쟁에 영향을 미쳤다. 1988년 서울 돈암동 세입자 투쟁은 영구임대주택 쟁취와 더불어 임대주택 완공 전까지 거주할 수 있는 가수용시설을 확보해 반빈곤운동에 중요한 이정표를 세웠다(심상구 1994). 이후 홍은동, 도화동, 평화촌 등에서도 세입자들이 영구임대주택을 보장받게 되었다.

1985년에는 재개발지구였던 서울 상계동에 약 520세대의 세입자로 구성된 세입자대책위원회가 꾸려졌다. 대학생들의 사회참여가 본격화되던 시기였기에 철거반대투쟁에 연대하는 학생이 많았다. 세대위는 "도시빈민 생활권 보장과 구속자 석방, 살인 철거 즉각 중단" 등의 요구를 내걸고 투쟁을 전개했으며, "군부독재 타도"와 같은 구호도 함께 외쳤다. 1987년 4·13 호헌 조치 이튿날인 4월 14일 강제철거가 단행되자 상계동 주민들은 명동성당으로 이동했다. 종교단체의 지지를 끌어내며 농성을 펼친 이들은 6월항쟁에도 적극적으로 동참했다. 상계동 투쟁에 참여한 일부 주민들은 남양주 나래마을과 부천시 고강동 등 이주단지에 공동체 마을을

동자동, 당신이 살 권리

076

상계동 택지조성에 항의하며 철거반원들을 막아서는 주민들.『경향신문』제공.

조성했다.

　사당동과 상계동의 사례에서 보듯 영세한 가옥주나 세입자들의 철거반대투쟁에서 집이란 외부의 부당한 탄압에 맞서 '지켜내야 하는', 가난한 사람들이 스스로 힘을 합쳐 싸워서 '쟁취해야 하는' 것이었다. 가령 1987년 철거반대투쟁이 민주화운동과 결합하면서 강력하게 전개되던 시기에 결성된 서철협은 다음 세 사업을 조직이 실현해야 할 과제로 삼았다.

　1. 대책 없는 강제철거에 맞서 철거민들의 생활권과 주거생존권을
　　확보하기 위한 사업

2. 빈민생존권을 위협하는 반민주적인 악법 및 제도 철폐를 위한
   제반 사업

3. 민중운동의 강화와 발전을 위한 민중 연대와 관련한 제반 사업

이 사업 과제가 보여주듯(서울시철거민협의회 1994) 철거민에게
있어 집이란 먹고 자며 생활하다가 난데없이 쫓겨난, 그러므로 반
드시 되찾아야 하는 물리적 공간이다. 다수의 철거투쟁 관련 문
건에는 철거민들이 맞서야 할 강제철거 세력을 상정하고 단합력
과 승리욕을 고취시키는 내용이 담겨 있다. 주거권은 생존권과 직
결되는 것으로, 싸워서 "쟁취하는 것"임이 강조되었다.

1980년대 이후 철거반대투쟁이 학생운동·민주화운동과 결합
하면서 다양한 주거권운동 단체가 속속 등장하기 시작했다.[7] 그러
면서 주거권운동 내부에서도 운동의 목표와 방향, 방법론에 관한
논의가 갈렸다. 활동가들과 이야기를 나누며 우리는 주거권운동
을 두고 다양한 이견이 존재한다는 점, 그리고 일부 갈등과 긴장
이 현재까지도 이어진다는 점을 확인할 수 있었다. 노점상운동에
참여해온 최수연(가명) 활동가는 비슷한 시기에 등장한 전국철거
민연합(전철연), 전국철거민협의회(전철협), 주거연합이 각각 집중적
으로 조명한 지점을 다음과 같이 해석했다.

그분들이 갖고 있던 생각, 철거민운동을 하면서 갖게 된 생각이
크게 작용한다고 봐요. 이게 마르크스·레닌주의에 입각한 판단

으로 작동되는 부분이 있어요. 그리고 주거연합은 종교적 (뿌리), 그걸 역시 뛰어넘지 못하고. 근데 요즘 철거민의 경제주의적 관점과 제일 맞닿아 있는 조직이 전철협이에요. 전철협은 정말 철거민들의 이해가 그 사람들의 최고의 목표거든요.

_ 최수연 활동가

활동가들은 활동 방향과 수행 방식을 두고 의견이 엇갈렸다. 황현민 활동가는 철거 현장에 망루를 세우고 물리적인 폭력에 맞서는 전철연의 방식이 과격하다고 보았다.

우리 선배들도 용산참사[8] 주민들 죽음이 진짜 안타깝다고 (그래요). 꼭 그런 식으로 투쟁을 했어야 했나, 다른 방법도 있었을 텐데…… 폭력으로 오기 때문에 폭력으로 해야 한다는 말도 있지만, 꼭 그런 방법만 있는 건 아니거든요. 사회적 연대를 통해서 이걸 이슈화하고 그렇게 해서 같이 막아내거나, 못 막아낸다고 하더라도 계속 싸울 수는 있다 이거죠.

_ 황현민 코넷 전 대표

반면 소규선(가명) 전철연 의장은 주민을 내쫓지 않는 순환식 개발과 영구임대주택이 전철연의 일관된 기조였음을 환기하면서, "자본주의 사회에서 극렬히 투쟁하지 않으면 영구임대주택을 쟁취할 수 없다"고 역설하기도 했다. 그는 1980년대와 비교해 노동하는 빈민의 삶이 실제로 나아졌는지 되물으면서 운동권의 '적당한 타협'을 비판했다.

> 과거에 노동자들이 쇠파이프 들고 화염병 던지면서 투쟁할 때는 지금보다 훨씬 잘 살았어요. 근데 지금은 전철연이 "그게 너무 센 거 아니야? 그렇게 투쟁해선 안 돼, 지금이 어느 시대인데 화염병 던지고 쇠파이프 들고 이래" 그래요. 이건 소위 자본주의를 인정하는 사람들의 운동이라는 거죠. 이 사람들이 운동을 망친다, 나는 이렇게 봐요. 지금 전철연이 요구하는 영구임대주택도 그들이 말아먹고 있다. 저는 철거민 투쟁을 하면서 감옥을 두 번 갔어요. (…) 이렇게 살았는데, 이제는 감옥도 못 살게 만들어요. 옛날 같은 투쟁을 하려고 하면 그걸 감시하는 운동권이 있어요.
>
> _ 소규선 의장

운동권 내부에선 여러 의견이 대립하고 있었다. 대립의 양상을 자세히 논하는 것은 우리의 역량을 넘어서는 일일 뿐 아니라 이 책의 취지에도 그다지 부합하지 않는다. 한 가지 의견만 덧붙이자면, 운동단체 간의 분화나 갈등을 부정적으로만 읽을 필요는 없다고 생각한다. 갈등은 운동이 그만큼 치열하다는 뜻이거니와, 운동 당사자들이 부단한 논쟁을 통해 운동의 지평을 확장하고 있다는 증거이기도 하다. 마찰은 운동이 교조화·고착화되는 것을 막고, 주거권 의제와 범위를 다변화할 계기를 열어준다. 우리와 인터뷰한

동자동, 당신이 살 권리

민주노점상전국연합, 전철연, 코넷 활동가 모두 각자의 자리에서 주거권 실현을 위해 치열하게 노력했고, 공동의 결집이 필요한 사안에 대해서는 서로 연대하기도 했다.

집 없는 사람들의 주거권
─ 내 집의 권리에서 모두의 인권으로

"이 세상에 집 없는 사람이 단 한 사람이라도 있는 한, 호화 주택을 지을 권리는 아무에게도 없다. 최소한의 삶의 자리를 마련해야 하는 의무가 있을 뿐이다."고故 김수환 추기경이 1992년 6월 3일 무주택자의 날에 한 말은 주거 권리의 보편적 개념을 잘 보여준다. 그러나 우리 현대사에선 집 없는 사람에게 집을 지어주는 대신, 집다운 집조차 갖지 못한 이들의 거처까지 빼앗는 현실이 끊임없이 반복되어왔다. 그것은 투쟁의 역사이기도 했지만, '주거권' 개념이 등장하고 확장돼온 과정이기도 했다.

전술했듯 도시빈민은 오래전부터 철거반대투쟁에 나서고, 자발적으로 주민조직을 만드는 등 주거권을 쟁취하기 위해 노력해왔다. 그러나 주거권은 권리 차원의 논의로 확장되기보다 개별적인 사안에 대응하는 수단으로 동원되는 일이 많았다. 각 지역에서 동시다발적으로 펼쳐진 철거반대투쟁도 영구임대주택에 대한 공감대를 넓히긴 했으나, 보편적인 주거권을 쟁취하기 위한 연대로 나아가지 못한 채 개별 보상 후 종료되는 사례가 많았다. "사안의 해소나 완화와 함께 소멸됨" "일회적인 사안별 투쟁의 영역을 넘어서지 못함" "철거 투쟁의 후유증 때문에 투쟁의 길로 다시 나서기를 거부함" 등이 기존 빈민지역운동의 한계로 평가되기도 했다(이호 1994).

우리가 만난 활동가들은 철거반대투쟁을 회고하면서, 보상을 받아낸 당사자가 목적을 이뤘다고 판단해 투쟁 현장을 일찍 떠났을 때의 아쉬움을 내비치기도 했다. 서종균(2011)은 개발사업에 맞선 저항을 '제1세대 주거권운동'으로 명명하면서 1세대 활동가들의 기여와 한계를 논한 바 있다. 활동가들은 세입자 투쟁 과정에서 주거정책의 큰 진전을 가져왔으나, 때로 "더 열심히 투쟁해야 (사업 추진 과정에서) 더 많은 권리(?)를 쟁취할 수 있다고 학습"하게 되면서 "보상과 권리를 구분하는 일이 점점 어려워지기" 시작했다는 것이다. 무엇보다 그는 철거반대투쟁이 국가의 주거권 인식의 계기로 나아가지 못한 점을 지적했다. "수십 년의 역사를 자랑하는 철거민 투쟁이지만 개발사업으로 인해 발생하는 강제퇴거와 철거 과정의 폭력을 예방할 수 있는 수단을 국가가 만들게 하지 못했다"(서종균 2011: 56).

하지만 주거권운동의 역사는 당사자 보상 이상의 보편적 주거권을 요구하는 움직임도 점차 확대되어왔음을 보여준다. 주거권에 대한 논의가 단순히 내 집, 침해된 주거권에 대한 보상 수준을 넘어, 인간이라면 당연히 누려야 할 모두의 권리를 주장하는 차원으로까지 확장되기 시작한 것이다(박문수 2001; 서종균 1995, 2000; 서종균·김수현 1996).

지금은 주거권이 비교적 익숙한 용어가 되었으나 반빈곤운동에서 개념적으로 주거권을 다룬 것은 1980년대 말이 지나서다. 범세계적 주거 연대체가 1980-1990년대 태동했고, 1993년 주거권 실현을 위한 아시아연합Asian Coalition for Housing Rights, ACHR 연수회, 1996년 제2차 세계주거회의Habitat II에 국내 활동가들이 참여했다(김진홍 외 1993; 이경래 1999). ACHR은 1988년 6월 아시아 지역 내 강제철거 근절, 서민 주거 조건 향상, 주거권의 기본권 편입을 목표로 설립되었다(도시빈민연구소 1998). 강제철거, 강제이주와 같이 보편적 주거권이 침해되는 상황에서 아시아 각국 대표가 공동으로 대응하기 위한 국제 연합체가 등장한 것이다. 1989년에는 서울 정동에서 도시빈민의 삶과 주거 문제를 토론하는 아시아 민중 주거쟁취대회가 열렸다. 대회에서 채택·발표한 성명서는 인간다운 생활을 가능케 하는 삶의 자리를 확보하자는 데 초점이 맞춰져 있었다. 정책 입안 과정에 당사자인 도시빈민이 참여할 수 있어야 하며, 이것이 가능하려면 도시빈민의 연대가 강화되어야 한다는 점도 강조되었다. 주민 참여와 연대는 "인간 중심의 발전을 확보하기 위한 싸움"[9]의 첫 단계로서, 현실 문제를 해결하고, 인간관계를 변화시키며, 대안적 사회를 제안하는 것을 운동의 목적으로 삼았다. ACHR은 이를 위해 주민들을 조직하고, 각국에 주거 현황 조사를 위한 파견단을 보내고, 주거쟁취대회를 개최하는 등 다양한 노력을 기울였다.

특히 1990년 6월 3일 주거연합이 결성되면서 주거권 개념에 대한 논의는 급물살을 탔다. 주거연합은 "모든 국민이 '삶의 자리'를 불가침의 권리로서 당당히 누릴 수 있는 사회를 건설하기 위하여 '국민 주거권운동'이라는 슬로건을 내걸고 결성"되었음을 취지로 밝히면서 주거권을 보편적인 권리 차원에서 다루기 시작했다. 또 무주택자에 대한 법적·제도적 장치 마련을 정책 목표로 삼고, 이를 실현하기 위해 "세입자 보호 법안 마련, 공공임대주택의 운영 방안, 국민 주거권의 법적 확보 방안, 주택 안정법, 재벌 토지 환수법, 무주택자의 생존권적 재산권 등"을 정책 대안으로 제시했다(도시빈민연구소 1990).[10] 특히 1998년 주거연합이 주축이 되어 전개한 주거기본법 제정운동은 국가의 주거 정책이 지향해야 할 기본적인 방향을 선언적으로 제시하고자 노력한 적극적인 행동이었다(서종균 2001). 2015년이 되어서야 제정된 주거기본법은 주거권을 실정법적 권리로 자리매김시키는 계기가 됐으나(이은기 2016), "주거권을 보장함으로써 국민의 주거 안정과 주거 수준의 향상에 이바지"한다는 법의 목적은 서민들의 보편적 주거권을 확보하여 빈곤의 대물림을 종식시켜야 한다는 1998년 주거기본법 제정운동 당시의 급진적 주장과 괴리가 있다.

2000년대 이후에도 철거민들의 투쟁은 본격적인 법 제정 움직임으로 발전했다. 2009년 1월 20일, 이주 대책을 요구하던 용산 상가 세입자들을 경찰이 무리하게 진압해 다수의 사상자가 발생한 용산참사로 강제퇴거금지법 제정운동이 촉발됐다(미류 2011). 이후 연대체들이 법안 발의에 총력을 기울인 결과, 용산참사 3주기였던 2012년에 원주민의 재정착 권리와 국가인권위원회가 권고한 퇴거금지 시기 명시 등을 골자로 한 '강제퇴거 금지에 관한 법률 제정안(일명 용산참사방지법)'이 발의되었다. 제정안은 철거나 퇴거 현장에서 발생하는 불법 폭력 행위에 관한 형사처벌 조항을 포함했고, 강제퇴거 시 세입자들의 보호 주체로 국가와 지방자치단체를 지정해 보호 책임을 명확히 하도록 했다(김윤이 2012). 하지만 이 법안은 제대로 논의조차 되지 못한 채 회기 종료와 함께 폐기되었다.

주거권운동은 2000년대 들어 철거반대투쟁에 국한되지 않고 취약한 주거환경에 놓인 다양한 집단을 아우르면서 다원화되었다. 무엇보다 쪽방, 비닐하우스, 고시원 등 '비주택' 거주민이 주거 취약계층 당사자로 새롭게 주목받았다(이호 외 2002; 유의선 2006). 2000년 참여연대, 주거연합, 강동·송파 지역 시민단체가 전개한 비닐하우스 주소지찾기운동은 '주소지를 갖는다는 것', 즉 거주 중인 집이 있다는 사실로부터 얻게 되는 권리를 새롭게 조명했다. 주소지가 부여되기 이전 비닐하우스촌은 많은 빈곤층이 거주하고 있음에도 법적으로는 사람이 한 명도 살지 않는 공터로 취급되었다. 비닐하우스촌 주민들은 전입신고가 불가능하고 상수도 시설 이용도 제한됐으며, 2000년 국민기초생활보장제도 시행을 앞두고 주소지 불명으로 급여 신청조차 할 수 없었다. 철거반대투쟁이 강제철거에 맞서 물리적 공간으로서의 집을 지키고 철거에 따른 정당한 보상을 얻기 위한 싸움이었다면, 공익소송을 통한 비닐하우스 주소지찾기운동은 비주택인 집을 제도적 보장을 받을 수 있는 공간으로 인정받기 위한 시도로서, 주거권 개념의 범위를 확장하는 계기가 되었다.

제도적 보장에 필요한 주소지를 제시할 수 없는 홈리스 상태는 주거권운동에 급진적인 전환을 가져왔다(이동현 2012). 살던 곳에서 쫓겨나는 데 대항해 투쟁하던 사후적 성격의 철거투쟁 방식에서 한발 더 나아가, 사람이라면 누구나 사람답게 살 곳을 요구할 수 있다는 인식의 전환을 추동한 것이다. 1997년 외환위기 이후 많은 사람이 길거리로 내몰리며 홈리스 수가 급격히 늘었는데, 이들의 권익을 보호하고자 2001년 생겨난 노숙인복지와인권을실천하는사람들(노실사)은 2010년 홈리스행동으로 새롭게 출범하면서 관련 운동을 대표하는 단체가 되었다. 일정한 거주지 없이 거리를 떠돌며 생활하는 홈리스에게 집이란 과거 철거반대투쟁 역사에서의 집, 주민운동 공동체로서의 집과는 또 다른 의미를 갖는다. 가장 극단적인 주거 빈곤 상황을 경험하는 홈리스에게 주거란 생존과 맞닿아 있는 개념이다(홈리스행동 2013). 홈리스운동은 홈리스를 정당한 주거에 대한 권리를 주장하는 주거권운동의 새로운 주체로 호명했다. 홈리스에 대한 기존의 시혜적 접근을 비판하면서 홈리스 문제를 사회복지 차원을 넘어 반빈곤운동의 관점에서 본격적으로 다루기 시작했다.

주거권운동은 철거민, 세입자, 주거 취약계층 당사자를 모두 아우르면서 수급권운동과 자연스럽게 연결되었다. 비주택 거주민이나 쪽방과 거리를 오가는 홈리스는 일단 정부의 기초생활보장제도에 편입되면 수급권자가 되어 주거급여를 받는다. 2004년 '기본생활권 쟁취와 국민기초생활보장제도 현실화를 위한 연석회의'(기초법연석회의)를 모태로 출범한 빈곤사회연대는 가난한 사람들의 주거 수준이 정부의 주거급여 수준과 직결되는 문제에 주목하면서 수급자의 권리 제고와 기초생활보장 급여 현실화를 요구하는 운동을 꾸준히 전개해왔다.

2000년대 이후 주거권운동에서 주목할 만한 또 다른 흐름은 청(소)년, 장애인, 성소수자, 이주민, 비혈연 가족 등 그동안 정부의 주거정책에서 배제되어왔던 당사자들의 권리운동이다. 2005년 인권운동사랑방이 주축이 되어 등장한 주거권운동네트워크는 주거문제를 청(소)년·여성·생태 등 여러 의제와 결합하면서 다양한 운동과의 연결을 도모했다. 네트워크 소속 회원들은 『집은 인권이다』를 출간하면서 새로운 틀을 짜기 위한 출발점은 '인권'이어야 하며, 빈곤을 철폐하기 위한 전략으로 개발을 다시 모색해야 한다고 주장했다(주거권운동네트워크 2010). 이러한 권리운동에서 청년 주체의 부상이 특히 눈에 띈다.[11] 2011년 태동한 민달팽이유니온은 주거 취약계층으로 대두된 청년을 주거권운동의 새로운 당사자로 편입시키면서 기존 운동의 지평을 넓혔다. 민달팽이유니온 운영위원장 강희주(가명) 활동가는 기성세대와 구별되는 청년층의 주거문제를 짚기도 했다. 새로운 흐름의 청년 주거권운동에서 주거란 집다운 집에서 사는 것이자, '나'만의 온전한 공간을 확보하는 것, 그 공간을 '내' 방식대로 사용할 권리를 보장받는 것이기도 하다.

(우리가) 그냥 세입자협회랑 다른 건, 청년이라는 연령대의 묶음이 어쨌든 존재한다는 점인 것 같아요. 그 차이점이 필요했던 건 우리가 어리고 사회 경험이 적고, 원가족으로부터 독립한 지 얼마 안 됐다는 이유로 사회적인 편견이나 차별을 겪잖아요. (…) 몇십 년 동안 구조적으로 켜켜이 쌓여온 불평등 문제의 직격탄을 고스란히 맞고 있는 이 청년 세대의 주거 빈곤 문제를 환기하고, 그 문제를 겪는 사람들에게 더 나은 비영리 주거 모델을 대안으로 제시하고 싶었기 때문에 시작을 했고……. (…) 내가 이 정도 주거비로 이 정도 주거환경에 살기 위해선 뭔가를 포기해야 되는데, 포기해야 하는 이유들 하나하나가 사실 나의 주거권을 조금씩 내려놓는 방식이거든요. (…) 내가 당연히 누릴 수 있는, 누려야 하는 다양한 커뮤니티를 비롯해서 의료서비스든 복지서비스든 일자리와 관련된 사회복지 연결망이든―이런 것들을 복합적으로 마련해야 한다고 얘기하는 거예요. 저는 그게 주거권을 제대로 확장해서 해석하는 모델이라고 생각해요.
_ 강희주 민달팽이유니온 활동가

주거권 담론에서 상대적으로 소외되었던 여성, 청소년, 아동의 처지를 들여다보는 시도도 주목할 필요가 있다. 서울시에서 발표한 「2019년 노숙인 실태조사」 자료에 따르면 여성 노숙인 수는 전체 서울시 노숙인의 약 19퍼센트에 달한다(이정규 2019). 여성 홈리스는 길거리에서 수시로 발생하는 폭력의 위험에 무방비로 노출되어 있다. 서울시 곳곳에 마련된 노숙인 보호소는 사용자 대부분이 남성이기 때문에 여성 홈리스가 온전히 쉴 수 있는 안전한 공간이 못 된다. 여성 홈리스를 위한 전용 공간, 여성 홈리스 전용 센터 등이 필요하다는 얘기가 꾸준히 나오는 이유다. 또 청소년주거권네트워크는 아동·청소년의 주거 위기를 당사자의 선택이나 도덕성의 문제가 아닌 미비한 국가 시스템으로 인한 문제로 보고 이들의 더 나은 주거를 위해 활동하고 있다.

최근의 주거권운동은 사회보장 시스템의 미비를 지적하는 것을 넘어 주거를 전 지구적 기후·생태 위기와의 관계 속에서 다루는 경향을 보인다. 동자동 쪽방촌 주민들이 경험하는 기후위기의 현실을 1년간 관찰한 연구는 느리고 비가시적인 기후 불평등의 실태를 보여준다. "한국의 최빈층인 쪽방촌 주민들은 에너지 이용에 대한 권리마저 박탈당한 상태일 뿐만 아니라, 폭염과 한파와 같은 기후변화가 초래한 재난을 이미 일상적인 것으로 받아들일 만큼 취약한 환경에 노출되어 있다"(강준모 2020). 쪽방 주민이 배출하는 이산화탄소 등 온실가스 물질의 양은 대한민국 1인 평균의 3분의 1 수준에 불과하지만, 기후재난의 여파는 이들에게 가장 가혹하다. 동자동 쪽방 주민들은 기후정의를 외치는 집회에 적극적으로 참여하면서 에너지 효율을 높인 공공주택을 인간과 지구를 위한 적정 주거로 제안하고 있다.

주거권, 미완성의 개념

이 장에서는 한국의 반빈곤·주거권 운동이 오랫동안 벌여온 투쟁의 역사를 간략하나마 들여다보고, 집이 어떻게 가난한 사람들의 삶과 투쟁에서 쟁점으로 부상했는가를 살폈다. 주거권운동이 다양한 양태로 꾸준히 전개되면서, 주거권이란 개념도 다층화되었다. 그 과정에서 여러 운동 주체가 각자의 현장을 중심으로 때로 교차하고 때로 연대하면서 주거권 담론을 갱신하고 확장해왔다.

외부의 부당한 탄압에 맞서 지켜내야 했던 '집'에 대한 개념이 1990년대를 거치면서 보편 권리의 차원으로 확장되는 흐름도 살폈다. 이전의 철거반대운동에서 철거민 당사자가 운동의 주체였다면, 더 넓은 의미의 주거권운동은 주거 문제로 고통받는 모든 도시빈민을 운동의 주체로 등장시켰다. 홈리스는 국가로부터 자신의 존재를 인정받기 위한 최소한의 장소로서의 주거지를, 비주택에 거주하며 기초생활수급비를 받는 주민은 인간다운 생활을 누리기 위한 적정 수준의 주거비용을 요구하기 시작했다. 철거민, 도시빈민, 무주택자 등을 중심으로 진행되었던 주거권운동이 '주거는 모두의 권리'임을 표방하는 보편적인 인권운동으로 확장되면서 여성, 청(소)년 등의 기본권·사회권도 조명되기 시작했다. 주거권이 '내 집의 권리'에서 '모두의 인권'으로 확장된 것이다.

지금까지 살펴본 주거권운동의 역사가 오늘날 동자동 쪽방촌 공공개발에 던지는 함의는 상당하다. 첫째, 한국 사회 폭력적인 개발 방식과 미온적인 주거 제도는 당사자 주체의 적극적인 저항을 통해서만 조금씩 바뀌었다는 점이다. 국가의 일방적·시혜적인 주거정책에 그나마 균열이 생긴 것은 세입자들의 철거반대투쟁, 홈리스의 직접행동, 청년들의 주거권 요구 등 당사자들 스스로, 때로 활동가·시민단체와 연대하여 전개한 운동 덕분이다. 이런 맥락에서 볼 때 쪽방 주민들이 정부의 시혜적 보호와 관리의 대상으로 남지 않으려면 공공개발 결정 그 자체뿐 아니라 사업의 전 과정에서 동등한 참여 주체로서 목소리를 낼 수 있어야 한다.

둘째, 살면서 자원과 기회의 제약을 통감해온 가난한 사람들한테 필요한 것은 '나'의 집이 아니라 '우리'의 집이다. 오랫동안 주민운동 활동가들이 지역, 마을, 공동체의 중요성을 강조해온 배경이기도 하다. "시골에서도 도시에서도 가난한 사람은 혼자 살 수 없다. 혼자서 되는 것이 없다. 그래서 같이 살아야 한다"(정일우 2009: 90-91). 공공임대주택이 현재의 동자동 자리에 지어진다는 것은 동자동 쪽방 주민이 정부의 매입주택 정책이나 임시적 이주대책에 따라 뿔뿔이 흩어지지 않고 오랫동안 일궈온 커뮤니티를 계속 유지하면서 서로를 돌볼 수 있다는 것을 의미한다. 공공개발은 단순히 '좋은 집'을 제공하는 사업이 아니라 인간다운 삶을 살 수 있는 '환경'을 조성하는 사업이 되어야 한다.

셋째, 주거권운동의 역사에서 보듯 운동의 주체나 관심 주제에 따라 주거권도 다양하게 규정되고 해석되어왔다. 이는 당사자를 포함해 주거권운동에 참여하는 사람들이 어떤 연결을 맺느냐에 따라 운동이 확장되고 다변화될 수 있음을 의미한다. 쪽방촌 내 자치조직(6장 참조)에서 오랫동안 활동해온 주민들은 정부의 동자동 사업 발표 이후 다양한 집회에 참여하고 다양한 소수자들을 만나왔다. 쪽방의 열악한 현실을 고발하고 정부의 조속한 지구지정을 촉구하는 것뿐 아니라, 기후위기, 에너지 빈곤, (미얀마 쿠데타, 이태원 참사와 같은) 사회적 참사로 고통받는 사람들과 연대하면서 모두가 좀더 안전하고 정의로운 환경에서 살아갈 권리로 주거권의 의미를 넓혀가는 중이다.

요컨대 주거권의 실현은 완성형이 아닌 현재진행형이다. 그것은 주거권에 공감하는 우리 모두가 각자 또 함께 매 순간 새롭게 써가는 개념이다. 바로 이 미완의 상태가 주거권운동의 가능성이자 희망이다. 우리는 주거권이 지금보다 더 깊고 넓은 의제를 포함할 수 있기를, 더 많은 사람의 삶을 포용할 수 있기를, 그렇게 마침내 동자동 쪽방촌 주민에게도 그것이 당연한 권리가 되는 세상이 오기를 바란다.

강미현, 문유빈, 박동찬, 신예진, 윤지현, 이채윤, 조문영, 황규철

2부

공공과
사유의
부딪침

3장 생성 중인 공공

한국의 급속한 산업화·도시화 과정에서 도시 하층민 주거공간에 대한 통치는 이중적인 방식으로 이루어졌다. 도심 내 무허가 정착지 주민을 외곽으로 이주시키는 것이 한 축이었다면(2장 참조), 또 하나의 축은 빈민 밀집 지역을 암묵적으로 용인하는 것이었다. 농촌에서 이주해 온 도시 하층민은 주거비용이 상대적으로 낮은 지역에 자리잡으면서 "저임금 노동력을 안정적으로 재생산하는 기능"을 수행했으나, 동시에 이들에 대한 국가의 개입이 최소화되면서 "열악한 주거환경은 빈민 자신이 전적으로 감당해야 할 몫으로 남았다"(정택진 2021: 235-236).

대도시 곳곳에 자리한 쪽방은 국가의 편리한 무관심 속에 생겨난 한국 빈곤층의 대표적 주거지 가운데 하나다. 가난한 사람들이 싼 임대료를 찾아, 일용직 노동을 하기에 교통이 편리한 곳을 찾아, 일시적이나마 지원을 받기 용이한 곳을 찾아 알음알음 모이며 형성된 장소인 것이다. 기차역, 인력 소개소, 재래시장, 노숙 장소, 교회, 사회복지시설 등이 가까운 지역에 쪽방촌이 형성된 배경이다(서종균 1999; 이소정 2006). 쪽방의 역사는 오래됐으나 대중적으로 알려지기 시작한 것은 1990년대 말이 지나서다. 외환위기로 홈리스 수가 급격히 증가하고, 이들이 잠시라도 머물 곳을 찾아오다 보니 쪽방은 "도시빈민의 최후의 거처"로 다시금 주목을 받았다(탁장한 2019: 164). 개발 논리에 익숙한 사람들은 도심 고층빌딩 사이로 별안간 펼쳐지는 쪽방의 풍경에 의아할 수 있지만, 개발과 이에 따른 도시빈민의 축출은 선형적으로 이뤄져온 과정이 아니다. 상대적으로 개발이 어렵고 수익성도 높지 않은 곳, 소규모 필지로 나뉘어 있거나 불법·편법 건물이 많아 대단위 도시계획이 어려운 곳, (남산 지대의 암반처럼) 물리적 환경이 건설을 억제하는 곳에서 쪽방은 개발이 오랫동안 지연되면서 "잠재적 재개발 구역"(정택진 2021: 237)으로 존재했다.

오랫동안 (시장과 동의어가 되고 만) 민간이 개발을 저울질하다가 번번이 계획을 취소하거나 포기한 지역에 정부가 '공공'을 전면에 내세우며 공공주택 사업에 돌입했다. 이 사업은 어떻게 착수되었는가? 어떤 행위자들이 새롭게 연결되고 부딪치면서 사업의 흐름에 영향을 미쳤는가?

동자동 쪽방촌 사업은 어떻게 결정되었나?

문재인 정부는 임기 중 쪽방촌 공공주택사업 계획을 세 차례 발표했다. 2020년 1월 서울 영등포 사업을 시작으로, 같은 해 4월 대전역 사업, 이듬해 2월 서울 동자동 사업 계획을 공표했다.[1] 영등포와 대전역 사업 결정 당시 LH 사장을 지낸 변창흠 전 국토부 장관은 공공개발을 내세운 앞선 두 사업이 큰 무리 없이 진행되었기에 동자동 사업 역시 순항하리라 전망했었다. 그러나 예상은 빗나갔다. 세 사업은 동일한 사업 방식을 공유했음에도, 그 진행 양상과 속도에서 큰 차이를 보였다. 2026년 말 입주를 목표로 착공에 들어가는 영등포 사업이나 지구 지정을 마무리한 대전역 사업과 달리, 동자동 사업은 소유주(법적으로는 토지등소유자)들의 거센 반발로 2023년 3월까지 지구 지정조차 완료하지 못하고 있다. 이 같은 차이는 어디에서 기인했을까? 우리는 각 사업의 다양한 사회적 요소, 즉 핵심 행위자 유무, 사업 결정권자 간 연결망, 사업 부지의 장소성, 당시 부동산 정책에 대한 여론의 시간성 등을 살펴봄으로써 동자동 사업이 맞닥뜨린 난항의 원인을 파헤쳐보기로 했다.

먼저 공공개발에 대한 영등포 쪽방 소유주들의 반발이 동자동 소유주들의 반발에 비해 심하지 않았던 배경에는 소유주들의 의견을 하나로 모으고, LH와의 협상에서 보상을 최대한 얻어내기 위해 영향력을 발휘한 해당 지역 건물주 김일원이 있었다. 동자동 소유주 단체 중 공공개발을 찬성하는 서울역쪽방촌대책위에서도 활동

영등포 쪽방촌 위치도. 정부 보도자료.

대전역 쪽방촌 위치도. 정부 보도자료.

하는 그는 당시 영등포 사업 협상 과정을 다음과 같이 설명했다.

지주 단합을 위해 토지주를 한 분 한 분 찾아가 설명했어요. 등기
부 등본상 주거지와 실제 주거지가 다른 토지주들이 사는 곳도 몇
단계를 거쳐서 겨우 알아냈어. 이렇게 전국을 몇십 바퀴 도니 토
지주들이 제 모습을 보고 움직여줘서 결국은 단합이 됐어요.
_ 서울역쪽방촌대책위 김일원

LH의 설명도 김 씨가 영등포 사업에 미쳤던 영향력과 존재감
을 짐작케 한다.

영등포는 김일원 씨가 주도해서 처음부터 "민간이 사업해서는 남
는 거 없다. 공공으로 가되 우리는 대토사업(현금 대신 토지로 보
상) 해서 챙길 거 챙기면 된다"고 강하게 주장했어요. 이런 식의
논리가 거기에서는 먹혔어요.
_ LH 관계자 A

핵심 행위자는 이처럼 흩어져 있던 소유주를 결집해 사업이 더
욱 순조롭게 진행될 수 있도록 하는 촉매제 역할을 했다. 대전역
사업 때도 김 씨와 같은 역할을 한 행위자가 있었다. 사업 계획이
발표되고 2개월여가 흐른 2020년 6월, 당시 대전역 쪽방촌 소유
주들은 세 개의 대책위원회로 뿔뿔이 나뉘어 이권 다툼을 벌이

고 있었다. 그러는 가운데 공공개발을 적극적으로 지지한 벧엘의 집 장석진(가명), 박중모(가명) 목사는 사업 방향성을 논의하는 거버넌스 회의에 주민 지원 기관의 운영자 자격으로 참석해 사업 진행을 적극적으로 주장했다. 사업부지 일대의 대전역 쪽방 상담소, 노숙인 쉼터, 진료소 등이 모두 벧엘의집 산하에 있었기에 두 사람은 쪽방촌 거주민의 목소리를 적극적으로 대변할 수 있었다.

대전에 쪽방촌 지원하는 목사님 계시는데…… 장석진 목사님이랑 박중모 목사님이 서울 영등포 쪽방촌 정비사업 얘기를 들은 거예요. 공공이 요즘 달라졌다. LH가 옛날하고 좀 다르다면서 전격적으로 수용한 거죠. 저도 몇 번 가서 만났는데 주민 협의에서 본인들이 역할을 하겠다고 해서서 아주 분위기가 좋았어요. 그래서 대전역 정비사업을 추진하는 데 큰 힘이 됐어요.
_ 변 전 장관

물론 모든 행위자의 목적이 공공개발이 표방하는 '주거권 보장' '주택의 공공성 논의'라는 가치에 상응하는 건 아니다. 건물주 김 씨가 LH, 영등포구청, 국토부 등 사업 시행 기관에 협력한 이유는 자신의 경제적 이익을 극대화하기 위해서였다. 실제로 그는 우리와의 인터뷰에서 공공개발이 내건 가치에 찬성한 것은 어디까지나 전략이었다는 점을 거듭 강조했다. 또 "두 명 이상의 이익은 공익"이라고 말하며, 쪽방촌 정비사업의 공익성에는 쪽방촌 거주민만이 아니라 소유주의 이익도 포함되어야 한다고 주장했다.

LH는 자기 이익이 아니면 안 해줘요. 근데 개네 이익으로 가는 방향이 우리한테 이익이기만 하면 되잖아요. (…) (처음에는) 국가가 내 재산을 약탈해 간다라는 느낌을 받았어요. 이거는 옳지 않다. 그래서 '나 이 돈 다 날려도 괜찮아. ○○원 다 날려도 괜찮아. 어차피 나 그거 없어도 사니까. 난 국가를 박살 내겠어' 이게 제 개인적인 마음이었어요. 그래서 변호사나 감정평가사와 면담을 했더니 박살 낼 방법이 없다는 걸 알았어요. 싸워서 지는 게임에서 싸우는 애들이 제일 바보라 생각하거든요. 지는 게임은 하면 안 돼요. 피해야죠. 근데 제가 이길 수 있는 게임이 없는 거예요. 법적 테두리 안에서는. 그래서 이길 수 없다면 비기기라도 해야겠다는 생각에 전략을 바꾼 거죠. 제 전략은…… 공익 사업이니까 공익을 물고 늘어졌던 거죠. 두 명 이상이면 공익이잖아요. 그래서 사업 시행자도 받아들였어요. 그리고 개네한테도 이익이니까 안 해줄 이유가 없는 거예요.

_ 서울역쪽방촌대책위 김일원

당초 김 씨는 공공이 자기 재산을 빼앗는다는 생각에 반발했으나, 정부 발표를 뒤집기 어렵다는 걸 깨닫고 전략적으로 공공과 손잡기로 한 것이었다. 공공개발이 사익을 도모하기 위한 수단으로 활용되는 이 같은 모순은 사업 시행자와 소유주 간 관계의 모호성을 보여준다. LH 관계자 C는 김 씨의 공을 부인하지 않으면서도 그를 "언제든 돌아설 수 있는 존재"로 보았다. 이는 소유주들이 정책 목적에 반하거나 보상 기준을 넘어서는 요구를 언제든 해올 수 있음을, 또 요구가 수용되지 않으면 동맹이 쉽게 끊길 수 있음을 의식한 시선이었다. 김 씨도 LH 관계자들을 압도해야 할 협상 상대로 바라봤다. 다시 말해 이들의 관계는 헐거운 동맹이었던 셈이다.

정책 결정권자 간 연결망도 영등포 사업을 가능케 한 요건 중 하나였다. 당시 LH 사장이었던 변창흠 전 국토부 장관은 우리와의 인터뷰에서 당시 박원순 서울시장, 김현미 장관, 채현일 영등포구청장이 한목소리를 낸 덕에 영등포 사업이 수월하게 추진될 수 있었다고 말했다. 실제 쪽방촌 정비사업이 공공개발로 결정되기까지는 정책 결정권자 간 관계가 긴요한 역할을 했다. 변 전 장관은 채현일 구청장 당선인에게 도심 공공개발을 LH와 함께하자고 제안했다. 그의 제안을 받아들인 채 구청장은 오랜 친분이 있었던 당시 김현미 장관에게 사업의 필요성을 전했다. 김 장관이 구청장의 제안을 긍정적으로 검토하면서 국토부도 구체적인 사업 방안을 본격적으로 구상하게 됐다.

행위자들의 이 같은 비공식 네트워크가 정책 결정 과정에 영향을 미치는 모습은 대개 물밑 작업으로 인식된다. 공식적이지 않기 때문에 변칙적인 상황으로 여겨지는 것이다. 하지만 어느 사회에서든 정책은 행위자 간 공식·비공식적 연결을 통해 실현되어왔다.

행위자 간 연결망이 정책 추진의 자연스러운 요소로 이해되어야 하는 이유다. 정책이 정치적 이상에 그치지 않고 실제로 구현되려면 행위자들이 서로 동맹과 경합의 관계를 맺고, 유지하고, 강화하는 일련의 과정이 필요하다. 공적 절차만을 정상으로 여기고, 다양한 연결망 속에서 비선형적으로 이뤄지는 결정은 반칙 내지 변법으로 치부한다면 실제 정책이 만들어지는 과정의 생동이 간과되기 쉽다. 다양한 정책 연결망에서 "보편성이나 질서는 규칙이 아니라 (오히려) 설명되어야 할 예외"다(라투르 2010; 김지현 2022에서 재인용).

한편 대전역 사업만의 특징도 있었다. 장소성이다. 대전역 사업은 사업 부지의 약 44퍼센트가 한국철도공사 소유였던 덕에 사업 발표 반년 만에 지구 지정을 완료할 수 있었다.* 부지가 국유지였기에 공공개발이 아니고는 애초에 사업이 불가능했고, 나머지 땅의 소유주들이 연합하더라도 사업을 멈춰 세울 만큼의 위력을 발휘하기에는 역부족이었다.

앞선 두 사업이 큰 걸림돌 없이 진행되자 정부 관계자들은 동자동에도 비슷한 기대를 품었다. 동자동 사업 역시 영등포, 대전역 사업과 마찬가지로 지역사회의 호응을 이끌어낼 수 있으리라 생각

---

* 하지만 정권 교체 후 토지 보상 문제를 둘러싼 소유주들의 반발로 2025년 말까지 기존 거주민에게 영구임대주택을 공급하려던 계획이 지연되고 있다 (2023년 3월 기준).

한 것이다. 개발 방식으로 내세운 선이주 선순환이 언론에서도 긍정적으로 평가되자, 사업 시행에 대한 관계자들의 기대는 점차 커져갔다.

> 영등포 쪽방이나 대전역 쪽방 정비사업은 단기간에 엄청난 성과를 낼 수 있었고, 반응이 의외로 괜찮았어요. 그러니까 일반적으로 철거형 쪽방촌 정비사업을 하려고 하면 대개 시민 단체나 주거 단체에서 반대도 심하고 또 원주민들도 엄청 반대해서 감히 엄두를 못 내거든요. 그런데 이번 사업에 대해서는 언론에서도 긍정적으로 글을 많이 써줬어요. 대전, 부산도 마찬가지고.
> _ 변 전 장관

실상은 기대와 달랐다. 동자동 사업은 대전역 사안처럼 국유지가 개발 대상 면적의 대부분을 차지하고 있지도, 영등포 사안처럼 정책 결정자 간 연결망이 작동하지도 않았다. 소유주들의 의견이 하나로 모인 것도 아니었다. 김일원이 소유주 집단인 서울역쪽방촌대책위를 이끌며 공공개발의 당위성을 역설했으나, 영등포 사업 때와는 달리 민간개발을 지지하는 또 다른 소유주 집단인 동자동대책위와 이견을 좁히지는 못하고 있다.

동자동 사업과 비슷한 시기에 발표된 정책 형평성 논란도 합의를 더욱 어렵게 만들었다. 동자동 사업을 발표하기 바로 전날인 2021년 2월 4일, 국토부는 전국에 83만 호에 달하는 주택을 공급하겠다는 계획을 담은 2·4 대책(공공주도 3080+)을 내놨다(1장 참조). 같은 기관에서 단 하루 차이로 발표한 두 사업은 이내 비교 대상이 되었다. 쟁점은 소유주 보상 내용에서의 차이였다. 2·4 대책에는 기부채납 부담 완화, 용적률 상향, 재건축 초과이익 부담금 미부과 등의 내용이 담겼지만, 동자동 사업에는 이 같은 내용이 포함되지 않았다. 쪽방 소유주들은 2·4 대책에 담긴 혜택이 동자동 사업에는 왜 적용되지 않느냐며 불만을 토로했다.

> 정책이 나오니까 그 정책을 반대하는 사람들이 2·4 대책하고 비교를 많이 했어요. 오해도 많았고. 저희가 처음에 "이건 2·4 대책으로 추진하는 사업이 아닙니다"라고 해명하는 시간도 꽤 오래 걸렸고. 그러니까 동자동 사업은 2·4 대책하고 전혀 다른 성격이라고 보시면 돼요.
> _ LH 관계자 B

변 전 장관은 두 사업이 이처럼 혼동되며 쪽방촌 정비사업에 대한 반발심이 2·4 대책에 대한 총체적인 비판과 섞여버렸다고 토로했다. 쪽방촌 정비사업의 '토지수용' 방식이 마치 대표적인 정비 방식으로 비치며 2·4 대책으로 주고자 했던 '도심 내 주택공급'이란 메시지 역시 흐려졌다는 것이다. 이로써 2·4 대책과 동자동 사업 모두 당초 기대에 못 미치는 반응을 얻게 됐다.

내가 "오늘 (2·4 대책 발표)하고 내일 (동자동 사업 발표)하면 그게 그거인 것처럼 보이지 않겠냐" 그랬는데, 하여튼 이런저런 이유가 있었어요. 그래서 동자동 재산권자들이 "갑자기 이게 무슨 얘기냐, 수용이라니"라면서 (반발하고, 그게) 2·4 대책에 대한 총체적인 비판하고 같이 섞여버린 거예요. 사람들은 2·4 대책이 저렇게 반대가 심하구나 이렇게 인식하게 되어버렸고요. 그래서 정책 추진 측면에서는 엄청 손해를 본 거죠.

_ 변 전 장관

주택 공기업 연구원 오기양은 2·4 대책으로 소유주에게 강력한 인센티브를 주고서라도 다량의 주택을 공급하겠다는 사인을 준 이튿날 소유주 이익을 제한하는 것으로 여겨질 수 있는 쪽방촌 정비사업을 발표한 것을 문제로 지적했다. 소유주들이 정책에 대한 모순을 느끼게 만들었다는 것이다. 우리는 연구 과정에서 만난 다수의 참여자에게 두 정책이 왜 하루 차이로 연이어 발표되었는지를 물었으나 확실한 대답을 듣진 못했다. 2·4 대책의 메시지를 확실히 전하고자 동자동 공공주택사업 발표를 미루면 이후 치러질 서울시장 보궐선거와 시기가 겹쳐 쪽방촌 정비 기회를 영영 놓칠 수도 있었다는, 당시 국토부의 우려를 전해 듣기는 했다.

무엇보다 사업이 결정된 2021년 2월은 문재인 정부의 부동산 정책에 대한 여론이 크게 악화된 때였다. 여론의 변화는 어쩌면 자연스러운 일이었다. 팬데믹 상황과 겹쳐 2020년 하반기 국내 경제 불황은 심화됐고, 동시에 집값이 가파르게 상승하면서 부동산 시장도 극도로 불안정해졌다. 2020년 5월부터 11월까지 연이어 발표된 다섯 번의 부동산 대책은 주택공급과 시장 안정을 도모해야 했던 당시 정부의 상황을 여실히 보여준다. 같은 해 7월 의결된 임대차 3법이 (특히 보수 진영의) 거센 반발을 낳으며 정부 정책에 대한 평가는 더욱 요동쳤다.

그해 12월 문재인 정부는 이 같은 상황을 만회하고자 변창흠 LH 사장을 신임 국토부 장관으로 임명해 적극적인 주택공급책을 펼치고자 했다. 그러나 이듬해인 2021년 3월, LH 직원 집단 부동산 투기 사태가 터지면서 LH와 정부에 대한 신뢰가 곤두박질쳤다. 결국 변 장관은 임기를 4개월도 채우지 못하고 같은 해 4월 자리에서 물러났다. 정부에 대한 적대적 감정, 공공에 대한 불신의 확대는 소유주들에게 사업을 반대할 명분을 제공했다. 민간개발을 지지하는 소유주 단체에 속한 심경주는 LH 투기 사태를 언급하며 "그런 식으로 부당한 이익을 취득한 공공에 쪽방촌 정비사업을 맡길 수 없다"고 강변했다.

여기는 LH가 하는 게 맞지 않아요. 2월 5일 발표한 순간부터 LH가 투기 사건으로 몰리기 시작했잖아요. 대장동 사고도 일어났고요. LH는 절대 불가능해요, 제 의견으로는. LH가 제대로 할 수 있었다면 이렇게까지 오지 않았죠. 그리고 LH가 공공개발을 추진하려고 했다면 주민 의견부터 들었어야죠. 같이 합의를 하고 공감을 하고. 여기 소유주 의견을 존중해야지 누구 의견을 존중한다는 거예요? (…) 공공이 하겠다 하면 결국은 그게 민간하고 같이 가는 거예요. 왜냐하면 공공재개발을 하면서 조합 설립 때까지는 공공이 개입해주는 거거든요. 그러면 5년 할 거를 2년으로 단축할 수 있고. 조합 설립이 되고 나면 민간이 들어가는 거예요. 그건 형평성에 어긋나지 않죠.

_ 동자동대책위 심경주

이러한 반응에 대해 LH 관계자는 자신들이 아니라면 SH나 서울시, 용산구청이 사업을 진행할 수도 있었다면서, 소유주들이 LH 사태를 쪽방촌 정비사업을 반대할 구실로 사용하고 있음을 지적했다. 실제로 심 씨는 LH 사태가 없었거나, 다른 공공 시행자가 사업을 맡았다면 사업에 찬성했을지 묻자 "공공의 역할이 최소화될 때에만 사업을 인정할 수 있다"고 답했다.

요컨대 영등포와 대전역, 동자동 공공주택사업은 동일한 목적을 공유하고 있지만 발표 시기, 대상 부지, 핵심 행위자라는 변수에 의해 상당히 다른 방식으로 진행되었다. 정책 결정권자가 어떤 지향을 갖는지, 어떤 네트워크를 동원하는지, 정책을 지지하고 반대하는 주요 행위자는 누구인지, 그들이 어떤 행위를 하는지, 정책이 펼쳐지는 시기는 언제였고 당시의 여론은 어땠는지, 어떤 사건이 발생했는지와 같은 복잡한 요인이 사업 흐름에 지대한 영향을 미친 것이다.

집은 곧 돈이라는 주택시장의 패러다임

정부와 LH는 공공개발에 반대하는 소유주뿐 아니라 찬성하는 소유주와도 갈등을 빚고 있다. 흥미로운 지점은 공공개발 찬성 여부와 관계없이 소유주들이 정부와 LH에 대해 품은 의혹이 비슷하다는 점이다. 두 소유주 대책위는 공통적으로 LH가 동자동 공공주택사업을 통해 막대한 이윤을 남길 것이며, 이를 사유화할 것이라고 생각한다. 서울역쪽방촌대책위 안현무(가명)는 개발 구역의 3분의 1에 해당되는 택지에 공공임대주택을 건설해도 LH가 남는 택지를 개발해 1조 원에 육박하는 수익을 남기게 될 것이라고 말했다. 동자동대책위 심경주 역시 재개발 이후 일반 분양을 통한 LH의 순이익이 2조 원에 달할 것으로 내다봤다. 공공이 만들어 낼 수익에 대한 이 같은 확신은 그 이익이 소유주를 위한 규제 완화와 보상금 증액으로 이어져야 한다는 주장으로 비화됐다. 그들은 공공이 지역을 개발해 자체 수익을 얻는 것은 부당하며, 발생한 수익도 소유주들에게 돌려주어야 한다고 주장한다.

우리가 계산을 해봤는데 쪽방을 짓고, 여기 제대로 된 데를 40층을 지어서 민간에 팔아먹게 돼 있어요. 그게 2조 원이에요. 그게 순이익이죠, LH 이익. 거기를 760개를 분양하게 돼 있거든요. 그게 다 돈이죠. 대장동 사건하고 약간 비슷해요. LH가 마침 그 사건(LH 직원 투기 사태)이 터지는 바람에 이도 저도 못하고 있는 거예요.

대규모 농지 같은 것들은 개발해서 올라가는 비율이 그렇게 크진 않잖아요. 산 가격도 그렇고 나중에 개발된 후 가격이 올라간 경우가 그렇게 많지는 않은데, 도심은 여기가 평당 5000(만 원)이다 그러면 개발 이후에는 2억이라고 한단 말이죠. 어마어마한 차이가 나잖아요. 그 이익이 다 남한테 빠지는 거지. (우리 얘기는) 그것도 온전히 지역 주민들한테 주라는 거예요.
_ 서울역쪽방촌대책위 강문정(가명)

변 전 장관은 이에 대해 개발이익이 일부 발생한다고 하더라도 공공이 이익을 사유화한다는 것 자체가 어불성설이라고 반박했다. "(쪽방촌 정비사업은) 없는 사업성을 억지로 만들어서 겨우 진행"한다는 것이다. LH 관계자들도 동자동 사업을 두고 사업성이 떨어져 민간에서 추진하지 못했던 걸 쪽방 주민의 주거권 보장을 위해 공공이 손해를 감수하며 추진하는 사업이라고 강조했다. LH 관계자 C는 "그러면 왜 본인(민간)들이 못했을까요?"라며 반문하기도 했다. 관계자 B 역시 LH의 개발이익에 대한 소유주들의 계산을 두고 "얼토당토않은 걸 계산해서 자꾸 이야기하신다"고 말했다. 토지를 수용하는 데만 해도 막대한 비용이 드는 데다 개발 이후 임대주택 역시 저렴한 비용으로 공급하는 까닭에, 소유주들이 주장하는 택지 개발을 통한 이익을 감안하더라도 결과적으로는 LH가 장기적으로 손해를 보는 사업이라는 것이다.

LH와 소유주들은 서로 첨예하게 대립하면서도 공공개발을 비용을 기준으로 바라보고 평가한다는 점에서는 공통점을 보였다. 서울역쪽방촌대책위 소속 소유주들은 재개발이 지연되면 그 기간 동안 오를 것으로 예상되는 땅값만큼 자신들이 손해를 보는 것이니, LH가 기대이익을 보장해줘야 한다고 주장했다. 그러지 않으면 '이익을 사유화하는 것'이라고 했다. 우리가 만난 LH 관계자 또한 재개발사업에서 재산권이 하나의 축이라는 대전제를 낯설게 보기보다는 당연하게 받아들이며 사업을 추진하고 있었다. 이처럼 재산권을 자연화하는 논리와 주택이 재산 증식의 수단이라는 패러다임이 공고히 자리하는 한, 쪽방 주민들의 주거권 보장 및 재정착 방안은 주변화될 수밖에 없다.

시간이 흘러가면서 경제적인 요인, 사회적인 요인은 계속 바뀌잖아요. 2·4 대책 없었어도 이 사람들(소유주들) 태도는 얼마든지 바뀔 수 있는 거예요. 금리가 올라가거나 내려가거나 여러 가지 거시적인 변수, 경제 정책 동향(에 따라서). (⋯) 사업 기간을 얼마나 짧게 조정하는지가 곧 비용을 줄이는 거예요. 민원이 생기지 않게 주민 동의를 잘 끌어가기 위해서 처음부터 요건을 충족해서 가는 이유도 그거 때문이고요.

_ 오기양 연구원

주택이 뭐다? 사는 데가 아니라 재산 증식의 한 방편이기 때문에 당장 공공개발에서 그 사람들이 처음에는 많은 이득을 볼 거라고 생각했는데 그 이득이 손해난다고 생각하니까 그때부터 압박되는 거예요. 따박따박 나오던 수입원이 끊기니까. 그러면 그만한 어떤 재산 가치가 있어야지. 그 재산 가치가 없어. 또 그냥 수용하고 끝나니까. 처음엔 반발하지 않아요. 개발되면 이득이 있을 것 같죠. 대전도 처음에는 반발 안 했어요, 토지·가옥주들이.

_ 장석진 목사

두 사람의 발언에서 확인할 수 있듯이 소유주들의 반발은 시간이 지날수록 거세진다. 이들이 재개발을 통한 이익을 당연한 것으로 여기고 이익을 극대화하기 위해 움직이기 때문이다. 집을 재산 증식의 수단으로 바라보는 한국 주택시장의 패러다임이 동자동에서도 그대로 재현되고 있는 것이다.

이런 상황에서 쪽방이 "빈부격차가 심해지는 상황에서 정부가 신자유주의 정책을 펼친 결과"이고 동자동 공공주택사업이 "열악한 주거를 정책의 대상으로 포착"하여 국가의 당연한 의무를 이행하고자 하는 움직임이라는 점을 상기할 때, 취약 계층에게는 그 무엇보다 집이 우선이라는 점, 즉 '하우징 퍼스트housing first'라는 전제를 정부가 더 절실하게 받아들여야 한다(이혜미 2020). 주거취약계층을 지원하고자 한 그간의 많은 사업이 실패해왔다는 사실은 주거 문제를 경제적 손익의 차원으로만 바라봐선 안 된다는 점을 시사한다.

　LH가 주거취약계층을 위해 마련한 공공주택은 유형에 따라 높은 임대료 혹은 잘못된 입지 선정 때문에 상당수가 공실로 남아 있다. 2020년도 국토교통위원회 결산 분석 자료에 따르면, 전년도인 2019년에 공급한 공공임대주택 중 16.6퍼센트가 공실 상태다. 이는 주거취약계층이 어떤 삶의 맥락을 거쳐왔는지 고려하지 않은 채 공공임대주택 물량 확보에만 초점을 맞춰 사업을 추진한 결과다. 취약계층이 감당하기에 공공이 정한 임대료가 너무 높다는 점, 생활권과 주택의 입지가 일치하지 않는다는 점 등이 제대로 포착되지 않은 것이다. 주거급여로 임대료를 지불할 수 있는 수급권자라 하더라도 가전제품이나 가구를 추가로 마련해야 한다는 사실에 부담을 느낄 수 있다는 점 또한 고려되지 않았다.

　취약계층에 지급되는 주거급여 또한 비주택을 겨우 벗어나거나, 벗어나지 못한 채 간신히 임대료만 낼 수 있는 수준인 탓에 주거 상향이라는 목표에 기여하기보다는 쪽방 소유주들의 배만 불려왔다. 이렇게 쪽방을 경제적·물적 조건으로만 바라보고 전개하는 정책은 한계를 지닐 수밖에 없다. 최은영 도시연구소장은 언론과의 인터뷰에서 이를 지적하며 "주거급여를 충분히 상향 조정함으로써 쪽방과 같은 열악한 주거가 도태되도록 해야 한다"고 말했다. 우리가 인터뷰한 서울대 환경대학원 M 교수도 일정 수준의 주거환경을 갖추지 못한 소유주는 임대 사업을 할 수 없도록 하는 미국의 사례를 예로 들면서, 주거급여를 제도적으로 보완해 열악한 주거를 끊임없이 재생산하는 시장의 흐름에 제동을 걸어야 한다고 강조했다.

주택을 물적 조건으로만 인식하고, 주택이 이익을 창출하는 수단이라는 대전제에 의문을 제기하지 않는다면 동자동 사업 역시 앞선 주거복지정책들과 같은 한계에 부딪히게 될 것이다. 다소 파격적이더라도 주택을 통해 재산을 증식하고자 했던 소유주들의 욕망, 그리고 주거 빈곤을 편협하게 바라본 기존의 정책을 근본적으로 재검토할 필요가 있다. 그러지 않으면 주거 상향이라는 목표를 달성하지 못한 채 쪽방을 부분적으로 손보는 데 그친 이전 정책들을 답습하게 될 것이다.

동자동 사업 속 생동하는 법과 정책

동자동 공공주택사업과 2·4 대책 중 하나인 도심 공공주택 복합사업은 모두 공공주택법을 근거법으로 삼는다. 하지만 공공주택법은 애초에 도심에 주택을 공급하는 상황을 고려해 설계된 법안이 아닌 까닭에 두 정책 모두에서 허점을 드러낸다. 주목할 것은, 각 정책의 시행 목적과 성격에 따라 그 허점이 보완되는 방식이 상이하다는 점이다.

공공주택법은 "국민임대주택사업을 효율적으로 추진하여 저소득층의 주거 안정에 기여하고 나아가 국민의 주거 수준 향상에 이바지"하기 위해 '국민임대주택 건설 등에 관한 특별조치법'이라는 이름으로 2003년 처음 제정됐다. 이후 수차례 개정을 거쳐 2015년 공공주택 특별법이라는 지금의 형태를 갖추게 됐다. 국민임대주택사업, 보금자리주택사업 등이 이 법의 적용을 받았는데, 이 사업들은 대개 도시 외곽의 그린벨트 해제 지역을 택지로 삼았다.

이와 달리 도시정비법의 대상지는 도심이다. 도시정비법의 목적은 "도시 기능의 회복이 필요하거나 주거환경이 불량한 지역을 계획적으로 정비하고 노후·불량 건축물을 효율적으로 개량하기 위하여 필요한 사항을 규정함으로써 도시환경을 개선하고 주거 생활의 질을 높이는 데 이바지"하는 것이다. 이 법은 지구 지정 제안, 지구 계획 수립, 지구 계획 승인 과정에서 여러 검토와 인가를 거치도록 한다. 도시정비법이 선주민 다수가 거주하는 도심을 대상지로 하기에 이주 대책과 보상 방안을 마련하도록 하는 반면, 비교적 선주민이 적은 도시 외곽을 대상지로 삼는 공공주택법에는 이러한 조항이 없다. 이 법에 의거한 사업은 도시 외곽에 공공 주도로 주택을 신속히 공급하는 것을 목적으로 하는 만큼 절차도 간소하다. 사업 시행 시 이해 주체 간 갈등이 드물었기 때문에 이주 및 보상 대책에 대한 요구도 비교적 적었다(김주진 외 2022).

이러한 공공주택법이 도심 내 개발사업인 쪽방촌 정비사업과 2·4 대책이라는 도심 공공주택 복합사업의 근거법으로 활용됐다는 점을 어떻게 해석해야 할까? 공공주택법이 도심으로 들어오게 된 배경에는 정책 목적이 해당 법의 목적에 부합한다는 점 외에도 다양한 이유가 있었다. 먼저 도시정비법에 근거한 쪽방촌 정비사업에는 주민들의 강제퇴거를 초래한다는 문제가 있었다. 쪽방촌은 보통 도심 한가운데에 형성되기 때문에, 상업화가 진행됨에 따라 도시정비법하의 주택정비형 재개발사업(옛 주택재개발사업)과 도시정비형 재개발사업(옛 도시환경정비사업)이 함께 추진될 때가 많다. 실제로 2005년과 2016년 서울 남대문로 5가 쪽방촌, 2011-2015년 영등포 쪽방촌에서는 도시환경 정비사업이 추진됐다. 서울 중구 양동에 위치한 쪽방촌도 2017년 도시정비형 재개발구역으로 지정되어 본격적인 개발이 시작됐다. 그러나 민간이 주도하는 도시정비법하의 정비사업에선 기존 거주민에 대한 이주 및 재정착 대책이 수립되지 않았다. 이런 까닭에 주민들이 강제로 퇴거당했고 그렇게 밀려난 이들은 인근 쪽방촌으로 거처를 옮겨야 했다. 이에 정부는 강제수용권을 전제하는 공공주택법을 들고 와 민간조합이 아닌 LH가 사업 시행자로서 이주 및 재정착 대책을 마련할 길을 열고자 했다(이원호 2021).

도심 공공주택 복합사업은 개발이익 사유화와 투기 근절이라는 정책 목표와 다량의 주택을 빠르게 공급해야 했던 당시의 정치 상황이 결합되며 도시정비법이 아닌 공공주택법을 근거법으로 삼게 됐다. 정부가 최대한 짧은 시일 내에 주택을 공급해야 했던 상황에서 여러 절차를 요하는 도시정비법은 적합하지 않았던 것이다.

국토부가 주택시장 문제에 신속하게 대응하기 위해서 단기간에 다량의 주택을 공급할 수 있다는 사인을 내보내야 했어요. 사람들이 급하게 영끌해서 집을 사려고 하면 가격이 더 올라가잖아요. 사인을 먼저 주는 게 가장 시급했던 거예요.

_ 오기양 연구원

LH는 2·4 대책 전까지 서울에 건설형 공공주택을 한 해 1000호 정도밖에 공급을 안 했거든요. (…) 개발해서 공급할 빈 땅이 없었어요. 공공재개발과 재건축사업이 발표되어 몇 군데에서 검토되기 시작했죠. 근데 2·4 대책으로 32만 6000호를 공급하겠다고 발표했거든요. 그러니까, 천지개벽할 계획을 발표한 겁니다.

_ 변 전 장관

즉, 강제퇴거 문제와 집값 폭등으로 인해 지금까지 외곽에서 진행되던 공공주택사업이 도심으로 진입하게 된 것이다. 하지만 공공주택법에는 토지수용 및 개발사업으로 영향을 받는 주거취약계층을 위한 대책이 존재하지 않는다. 그런 까닭에 이 법을 근거로 시행되는 각 정책의 보상 범위에는 차이가 발생할 수밖에 없게 됐다. 도심 공공주택 복합사업과 관련해서는 공공주택법에 세부 조항이 추가된 덕분에 이주 대책 및 보상 기준에 대한 법적 근거가 마련됐지만, 쪽방촌 정비사업 관련 법조항은 따로 마련되지 않았다. 흥미롭게도, 이렇게 생긴 법의 빈틈은 실무자들이 메우기 시작했다.

정책적으로 굉장히 의미가 있다고 보여지는, 사회적 가치 측면에서 의미가 있다고 하는 사업들은 법이 없어도 정책 사업으로 동력을 가질 수가 있거든요. 공공주택 특별법에 있는 내용만 보면 그런 걸 해야 할 하등의 의무가 없어요. 근데 이게 쪽방촌 주민들의 주거 복지를 위해서 시작한 사업이잖아요. 법이 없어도 실무자들이 그걸 알고 다 하고 있는 거에요.

_ 오기양 연구원

영등포 사업과 동자동 사업 모두 공공주택법에는 의무 조항이 없음에도 선이주 선순환 방식을 채택했다(이원호 2021). 착공 속도를 높임으로써 비용을 절감하는 동시 착공을 선택하는 대신, 쪽방촌 주민들이 내쫓기지 않을 권리를 우선시한 것이다. 동자동 사업이 정책을 입안·결정하는 이들의 의사를 적극적으로 반영한 사업인 만큼, 실무자들은 쪽방촌 주민들의 주거권 보장을 염두에 두며 적극적인 행정을 펼쳤다. 덕분에 선이주 선순환 방식과 같이 기존 개발사업에서 논의되지 않았던 주택사업의 새로운 방향성이 잡힐 수 있었다. 시민사회의 요구와 실무진의 의지로 미비한 법을 보완한 것이다.

동자동 사업 근거 법령의 모호성은 주택 개발 관련 법안 논의 시 비주택이 주요 의제로 다뤄지지 않았던 지난 역사를 방증한다. 대한민국에서 주택은 신용 형성과 금융 안전망 형성을 위한 최후의 보루이자 투자 수단으로 여겨진다. 이러한 인식 아래 제정된

법은 국가 권력, 부동산 소유주, 주택 생산자의 편익을 극대화하는 한편 그 외 존재들의 주거 권리는 외면했다. 법을 개정하고 제정하는 노력은 반드시 필요하다. 법에 기반해 권리를 다투는 사회에서 법으로 보장되지 않는 권리들은 쉽게 간과되기 때문이다. 한편 쪽방촌 정비사업의 선이주 선순환 방식이 법에 의해 강제된 조항이 아님에도 정책 실무자들이 나서서 이를 적극 추진하고 있다는 점은 법 이외에도 다양한 행위자가 정책 수행에 있어 중요한 역할을 하고 있음을 보여준다.

법률과 정책은 불변하는 진리가 아닌 정치적 상황과 사회의 요구에 따라 탄력적으로 조정되는 사회적 구성물이다. 법률이 어떻게 제정되고 개정되는지 뿐만 아니라 어떤 정책에 어떤 법률이 적용될 것인지도 상황에 따라 변한다. 모든 가치를 아우르는 완전한 법이란 존재하지 않는다. 법의 사각지대는 끊임없이 발견될 것이며 다른 법, 정책, 운동, 실무로 그 틈이 메워질 것이다. 그리고 이 과정을 통해 다시 새로운 법과 정책이 생겨날 것이다. 동자동 사업과 공공주택법의 관계는 법과 정책이 형성되는 데 있어 모두의 의지와 참여가 얼마나 중요한가를 보여준다.

동자동과 공공의 미래

쪽방촌 정비사업은 각기 다른 열망을 가진 행위자들이 서로의 이해관계를 조율하며 정책의 설계·집행에 참여하는 역동적인 과정이다. 부동산시장과 정치적 흐름에 따라 정책은 순풍을 타기도, 난관에 부딪히기도 한다. 그래서 쪽방촌 정비사업은 단선적인 인과관계의 연속이 아닌, 다양한 관계의 중첩으로 이해되어야 한다. 정책을 둘러싸고 다양한 사건, 인물, 담론이 때로는 의도적으로, 때로는 즉흥적으로 복잡한 연결망을 만들어냈다.

공공주택사업은 동자동 쪽방촌을 새로운 문제-공간으로 만들었다. 공공재개발이 의제로 부상하기 이전의 동자동은 정부의 방치와 (저렴 쪽방 사업 같은) 땜질이 반복되고 쪽방 소유주의 '빈곤 비즈니스'(이혜미 2020)가 횡행하는 '잠재적' 개발구역이었다. 주로 도시빈민의 열악한 주거환경을 논할 때만 언론을 장식하는 곳이었다. 이마저도 정치인들이 쪽방촌을 찾아 연탄 봉사활동을 하는 선거철에만 반짝 쏟아지는 관심이었다. 정택진(2021: 5)은 이에 대해 "일말의 죄책감과 연민은 이내 행복과 즐거움 속에서 잊힌다"라고 꼬집기도 했다. 그러나 공공개발 계획이 발표되면서 동자동을 둘러싼 공론장에 상당한 변화가 생겼다. 소유주의 재산권, 서울시의 도시 계획, 정치적 정당성 등 복잡다단한 의제들이 동자동이라는 공간에 모습을 드러냈다. 쪽방 환경 개선과 같은 동자동 '내부 문제'가 소유주들의 권리, 주택공급, 주거권 실현 등 여러 현안과 연결되며 확대된 것이다.

인류학자 이경묵(2017)은 어떤 상황의 '문제'는 다층적이기 때문에 하나의 해결책만으로 여러 층의 문제를 온전히 해결할 수 없다고 말한다. 이를 쪽방촌이라는 현장에 비추어보면, 정책이 집행된 이후에도 문제는 계속해서 생겨날 것임을 예상할 수 있다. 쪽방촌 문제를 해결하려는 시도들은 끊임없이 새로운 문제를 불러냈다. 예컨대 2013년 서울시가 영등포동에서 추진한 '쪽방촌 리모델링 사업'은 개별 쪽방의 환경은 부분적으로나마 개선시켰으나[2], 민간 소유 건물인 까닭에 방의 총량을 유지해야 했고, 이로 인해 주민들의 바람대로 개별 방 면적을 늘리진 못했다. 또 정부가 주거 빈곤 해결을 위해 2020년도 주거급여를 23만3000원으로 올리자 쪽방촌 소유주들도 뒤따라 월세를 올리는 바람에 급여 상향 조정의 효과가 상쇄되기도 했다. 주거급여 상승분이 고스란히 소유주의 주머니로 들어간 셈이다(이혜미 2020). 공공개발 발표 이후 동자동에도 어김없이 소유주, 사업 시행자, 정치인 등 새로운 행위자들이 등장했고, 이에 따라 문제 상황은 훨씬 더 복잡해졌지만, 예기치 않은 성과도 있었다. 일례로 동자동 바로 옆에 자리한 양동 쪽방 주민은 민간개발로 다 함께 내쫓기는 상황에 처했지만, 동자동 사업 공론화를 계기로 주거권운동 단체들과 연대해 사업자로부터 임대주택 건설 약속을 받아냈다.

다시 말해, 동자동 '문제'를 해결하기 위한 정책은 유동적인 방향으로 수행되며, 그 과정에서 동자동의 '핵심 문제'가 무엇인지도 새롭게 정의된다(Tate 2020). 그리고 핵심 문제에 대응하는 과정은 정치에 참여하는 행위자들의 수행을 통해 갈등과 질서의 구분을 재편하는 '정치적인 것'으로 등장한다(무페 2020). 동자동이라는 현장에서 발생하는 갈등과 마찰—이를테면 소유주 집단과 쪽방촌 주민 간의 의견 충돌—은 정치적인 것을 재설정하며, 이 양상은 행위자가 어느 정도의 정치력을 발휘할 수 있는가에 따라 달라진다. 동자동에서 경제적·사회적 자본을 동원해 실력을 행사하는 소유주 집단의 요구는 정책의 모양새에 직접적인 영향을 미치는 반면, 자본이 취약한 쪽방촌 주민들은 정부와 언론에서 정책의 '대상'으로 구획되는 양상을 우리는 빈번히 목격했다.

연구 초기에 만난 LH 관계자 D는 소유주들의 반발로 지구 지정이 지연되는 상황을 "사회의 성숙"이라고 평했다. 개발사업이 과거와 같이 국가가 주도해 밀어붙이는 식으로 진행되지 않고, 다양한 의견을 듣고 수용하는 과정을 거치며 진행되고 있다는 게 그 이유였다. 그의 주장은 일견 타당해 보인다. 정치가 '사회적 가치의 권위적 배분'이라면, 각 이해관계자의 이권이 조율되는 과정은 필수적이기 때문이다. 이러한 정치의 핵심 과제를 수행하기 위해서는 무엇이 사회적 가치를 가지며, 어떤 가치가 경합 중인가를 충분히 고민해야 한다. 하지만 지금껏 대한민국의 주택정책은 국가 재원의 부족을 기업에, 국민에 떠넘기는 미봉책에 그쳤고, 주택정책의 공공성을 진지하게 고민할 시간 역시 충분치 않았다.

이런 상황에서 동자동 사업의 지구 지정을 계속 지연시키는 '수용의 과정'을 사회의 성숙으로, 합리적이고 타당한 자유민주주의 의사결정 과정으로 보는 것은 참여자들 간의 위계를 고려하지 않은 관점이다. 사상의 자유를 중시하는 자유주의와 인민의 평등

121

을 중시하는 민주주의의 절합折合은 자연적이지 않으며 오히려 상충한다(무폐 2020). 자유민주주의라는 이름 아래 만민 평등이 지닌 본래의 의미는 퇴색하고 말할 기회를 누리는 존재, 참여할 수 있는 존재만이 민주주의의 주체가 되는 것이다. 앞서 LH 관계자 D는 쪽방촌 주민들이 사업에 관해 얻을 수 있는 정보가 너무 없다는 우리의 말에 "어느 정책이든지 간에 모든 진행 과정을 하나하나 공개하는 경우는 없다"며 "관심 가진 분에겐 얼마든지 답변을 해드린다"고 답했다. 하지만 우리가 연구를 진행하며 목격한 바는 그의 설명과 달랐다. 동자동의 '자유민주주의적 공론장'은 시간적·경제적 여유와 자본을 가진 사람들에 의해 빈번히 사유화되었다. 공공성이 무엇인지를 논하는 장에 쉽게 접근할 수 있는 행위자는 동자동에 건물을 가진 소유주와 정책 결정권자였지, 쪽방촌 주민들이 아니었다. 우위를 선점한 사람들이 개발 과정에 주도적으로 목소리를 내는 동안, 민주적 논의의 주체로 호명되지 못한 쪽방촌 주민들은 공론장 밖에 머물러야 했다.

공공과 민간을 오가는 동자동 사업의 진자운동에서 쪽방 주민들의 '살 만한 삶livable life'은 얼마나 고려되고 있을까? 개발의 시간은 자본의 논리에 따라 흐른다. 효율성에 초점이 맞춰진 개발 현장의 시간은 오기양 연구원과의 인터뷰에서도 확인할 수 있다. 그는 개발 방식과 이주 대책을 둘러싸고 첨예한 논쟁이 벌어지는 현상황을 이해하기 위해 "돈의 관점"에 서볼 것을 제안했다. "공사에서 기간이 길어지는 건 다 사업 비용"이기에 "(사업) 시행자

입장에서는 한 번에 쓸어버리고 새로 짓는 게 기간이라든가 비용 측면에서 효율적"이라는 것이었다.

> 단계적으로 하자는 얘기를 연구자들은 많이 하거든요. 근데 실무자 입장에선 '책상에 앉아서 연구하는 사람이니까 되게 이상적인 얘기를 한다'라고 생각할 수 있는 거죠. 그게 돈 문제와 연계되면 차이가 크니까, 공사 기간이라는 측면에서는, 어떤 게 더 바람직한지는 알지만, 실질적으로 발목을 붙잡는 비용 문제가 있는 거죠.
>
> _ 오기양 연구원

개발의 시계가 효율성을 중심으로 돌아가는 현실은 어쩌면 사업 대상지를 물색하는 단계에서부터 예견된 일이었는지도 모른다. LH에서 국토부 공공개발사업을 발표했을 당시 도시재생사업을 맡고 있던 한 담당자는 쪽방촌 정비사업을 위한 사전조사 단계에서 전국 쪽방촌 열 곳 중 "집단화되어 있는 지역"이 어디인지를 먼저 판별했다고 말했다. "쪽방들이 산재"해 있으면 "한꺼번에 개발하기가 조금 어렵다고 판단했"고, 그중 "네 군데가 가능하다고 봤기 때문에" 사업을 추진했다는 것이다. 즉, 쪽방촌 공공개발이라는 정부의 결정은 행정의 격자망을 통해 관리 및 개발이 용이한 장소를 선별한 결과인 셈이다.

동자동 현장은 공공성에서 출발한 주거권 논의가 가장 취약한 계층의 목소리까지 품을 수 있는지를 우리에게 묻고 있다. 도시개발에서 줄곧 소외되어온 주체가 정치의 장에 새롭게 등장했다. 동자동에 도래할 미래는 우리 사회가 새로운 공공성을 받아들일 준비가 됐는지를 가늠하는 시간이 될 것이다. 전술했듯 문제란 언제나 다층적이며, 공공주택 건설은 동자동을 둘러싼 문제들의 완전한 해결을 의미하지 않는다. 우리는 공공주택 건설이 단순 정비사업에 그치지 않고, 쪽방촌 주민들의 삶과 주거권에 대해 정부와 시민이 깊이 고민하고 토론하는 숙의의 계기로 발전하길 바란다. 정책이 등장해도 문제는 계속될 것이기에 대화와 고민은 이어져야 한다. 이런 과정을 거치다 보면 단순히 공급량으로 책정되는 '주택 공공성'이 아닌, 삶의 터전이자 관계의 집합으로 표상되는 '주택 공공성'을 논의할 장도 확대될 수 있을 것이다.

우리가 인터뷰한 서울대 환경대학원 M 교수는 오늘날 한국의 주거정책을 연구자들의 학술 활동, 이들과 정치권의 연계, 빈곤을 둘러싼 사회적 담론의 부상 등이 맞물린 결과라고 짚었다. "제가 2014년, 2015년에 포용도시를 이야기할 때는 별다른 반향이 없었는데, 지금은 학회나 정부, 기업 등에서 포용을 이야기해요." 그의 말마따나 주거정책과 그 근간을 이루는 공공성 논의가 행위자들의 수행 및 네트워크의 중첩으로 생겨나는 것이라면, 우리 또한 공공성을 논하고 실제 네트워크에 개입함으로써 동자동이라는 미래를 함께 그려갈 수 있지 않을까?

김민재, 김흥준, 서주은, 이유진, 이지원, 이채윤, 조문영, 최명빈

4장 "노력만이 살buy 길이다"

'부동산 문화'의 탄생

"동자동 무너지면 용산구 다 죽는다. 다음은 후암, 갈월 등 용
산구 내 모든 쪽방촌이다. 쪽방촌이 끝이 아니다. 쪽방촌 끝장나는
순간 용산 알짜배기 땅에 임대주택 다 들어선다고 생각하면 된다.
용산구 주민 전체가 정부(국토교통부), 서울시와 싸워야 한다."[1]

동자동 쪽방촌 공공개발 소식은 동자동뿐 아니라 후암동, 갈월
동 등 그 일대 쪽방 소유주들로부터도 반발을 샀다. 이들에게 동
자동은 앞으로 용산구 내 다른 동네에서 이뤄질지도 모르는 공
공개발을 막아낼 저지선이었다. 동자동이 부동산 문화의 상징적
징소가 된 셈이다. 동자동 공공개발 결정 이후 인터넷 카페, 블로

그, 오픈채팅방, 온라인 커뮤니티(네이버 카페, 네이트 판, 디시 인사이드……) 등 온라인에서 전개된 활동들은 그 문화의 일면을 적나라하게 보여준다.

부동산 온라인 커뮤니티 참여자들의 삶에서 '동자동' '공공' '노력' '투기' 등의 키워드는 어떤 의미로 등장할까? 다른 정부 정책과 마찬가지로, 주거정책은 하나의 줄기로 일사불란하게 진행되기보다 여러 행위자가 뒤얽혀 영향을 주고받는 네트워크의 집합이다. 이 정책 실행 과정에서 소유주들도 네트워크에 연결된 다른 이해관계자들처럼 다른 행위자와 상호작용하면서 동자동의 미래를 부단히 만들어가고 있다.

온라인 부동산 커뮤니티에는 이제 막 투자를 시작해보려는 사람, 꾸준히 부동산투자를 해온 사람, 부동산 업계에 종사하는 사람 등 다양한 회원이 모인다. 이들은 온라인에서 글쓰기, 댓글 달기, 공감하기를 통해 정보를 주고받고 오프라인에서 만나 스터디를 꾸리거나 임장臨場(현지답사)을 다니기도 하며 일상적으로 관계를 맺고 현안을 공유하고 상호작용한다. 온라인 커뮤니티는 어느새 이 사회에서 부동산 여론, 부동산 문화가 가장 빠르게 형성되고 확산되는 공간이 되었다. 쪽방촌 공공개발도 이 장場에서 해석, 평가, 진단, 예측, 공유의 대상이 된다.

정부의 동자동 공공주택 사업 발표 이후, 동자동 토지·건물 소유주들이 네이버 카페나 네이트 판, 디시 인사이드 부동산 커뮤니티에 속속 등장했다. 이들은 동자동 재개발에 관한 이런저런 사연을 적어놓기도 하고, 사업 결정으로 어떤 상황에 처하게 됐는지 토로하기도 하며 커뮤니티 이용자들에게 청와대 국민청원 참여를 부탁하고 연대를 호소했다. 네이버 밴드에는 소유주만 가입해 소통할 수 있는 공간이 생겼고, 성명서나 보도자료 등을 배포하고 활동을 기록하는 블로그도 개설됐다. 블로그에서는 다양한 사람이 의견을 주고받기보다는 정보를 제공하고 유저들이 공감의 하트 표시를 누르거나 간단한 댓글을 남기는 식으로 소통이 이뤄지는 편이다. '나혼자부동산'이라는 오픈채팅방에서는 방장이 게시물을 공유하면 참여자들이 문답을 이어가며 정보가 실시간으로 공유된다. 한편 익명성이 철저히 보장되며, 관리하는 운영자도, 별도의 가입 절차도 없는 네이트 판과 디시 인사이드 등의 커뮤니티에서는 좀더 자극적인 주장들이 오간다. 이렇게 다양한 온라인 커뮤니티는 차츰 쪽방 소유주들이 그들끼리, 또 불특정 다수의 외부와 소통하고 공감하는 현장이 되었다.

그중에서도 우리는 '부동산스터디'라는 커뮤니티에 주목했다. 회원 수 200만 명에 달하는 부동산스터디는 2006년 '붇옹산의 부동산스터디'라는 이름으로 개설돼, 지금까지 이어져오고 있다. "재개발 지역에 대한 이야기, 직접 혹은 간접적인 재개발 투자 경험"[2]을 나눈다는 '붇옹산 강영훈'이 운영하는 이 카페는 처음 '강영훈의 부동산이야기'라는 콘텐츠가 올라오던 곳이었는데, 이른바 부동산 상승기에 방문객이 늘면서[3] 단행본 『붇옹산의 재개발 투자 스터디』를 출간하고 유튜브 채널 '붇옹산'까지 운영되는 대형 커뮤니티가 됐다.

이곳은 가입 조건이나 글쓰기 자격이 유독 엄격하다. 가입 신청은 곧바로 받아들여지지만 가장 낮은 등급인 새싹회원에서 게시글과 댓글 작성이 가능한 분회원으로 '등업(등급 상향)'되려면 가입 후 2주를 기다려야 하고, 그 기간 동안 '방문 횟수 50회 이상' 조건도 충족해야 한다. 신규 가입자들은 새싹회원들도 글을 쓸 수 있는 게시판에 모여 "하루라도 빨리 등업되고 싶다"는 얘기를 하고 또 한다. 글을 작성하고 댓글로 의견을 주고받으며 이용자들과 적극적으로 소통하는 '진정한' 카페 회원이 되어야만 유용한 정보를 얻을 수 있기 때문이다. 이런 높은 진입장벽은 게이티드 커뮤니티gated community*로서 부동산스터디의 폐쇄성을 보여준다. 이곳에서 커뮤니티 이용자들은 외부와 내부를 철저히 분리하는 방식으로 그들만의 부동산 문화를 형성해나가고 있다.

부동산시장의 자기참조적 구조와 온라인 커뮤니티

새로운 부동산 정책이 발표되면 그와 관련된 반응이 부동산 커

---

* 　원래는 외부 출입자의 유입을 제한하고 보안성을 향상시킨 주거지역을 가리킨다. 이 글에서는 진입장벽이 높은 부동산 커뮤니티의 특성을 표현하는 말로 사용했다.

뮤니티에서 활발하게 공유된다. 온라인 부동산 커뮤니티가 시장의 영향을 받는 만큼, 부동산 정책과 시장도 커뮤니티 활동의 영향을 받는다. 우리가 부동산시장의 자기참조적self-referential 구조에 주목한 이유다.

부동산시장 참여자들의 심리 변화 및 행동과 시장 동태 간의 연관성을 분석한 연구에서는 부동산 정책이 시행되거나 관련 이슈가 공론화되면 시민들이 이에 대한 의견을 온라인 커뮤니티에 게재하며, 그 영향이 실제 부동산 시장에 9주 후에 나타난다는 것이 확인되기도 했다(허선영 외 2019). 현재 온라인 커뮤니티에서 오가는 반응이 미래의 부동산 시장에 실제 영향을 미칠 가능성이 크다는 것이다. 오늘날 대중 투자문화의 확산은 단지 투자자 수가 늘었다거나 일상에서 금융 투자가 차지하는 중요성이 커졌다는 차원에 머물지 않는다(이승철 2022). 오히려 수적으로 늘어난 대중 투자자는 인터넷과 소셜미디어를 통해 그 어느 때보다 서로 긴밀히 연결되어 실제로 '집합적인' 투자문화를 형성하고 있으며 (Harrington 2008; Kim 2017), 이에 기반해 금융시장의 자기참조적 구조와 레버리지 전략을 이익에 적극적으로 활용한다(Feher 2021; Lee 2022; 이승철 2022: 94에서 재인용).

온라인 부동산 커뮤니티의 동향은 부동산시장뿐 아니라 부동산 정책에도 영향을 미친다. 부동산 카페의 영향력을 다룬 2018년 기사에 따르면 국토부와 서울시 등 부동산 관계 부처에서도 카페를 모니터링한다.[4] 김현미 전 장관은 해당 기사 인터뷰에서 말했다. "부동산 카페에 가면 '혜택이 많으니까 임대 사업자로 등록하고 사자' 이런 얘기를 하는 사람이 많다. (임대 사업자가) 집을 많이 살 수 있는 유리한 조건이라고 생각하는 거다. 처음 정책을 설계했을 때의 의도와 다르게 나타나는 것 같다." 기사를 통해 정책 시행자가 카페를 모니터링하고 있다는 사실을 알게 된 사용자들은 '김 장관 읽어보세요'와 같은 날 선 비방글을 작성해 "카페 반응을 보며 정책을 수립하는 것이 말이 되냐"는 반응을 보이기도 했다.

우리는 부동산스터디 카페를 관찰하면서 여러 이용자가 '집값 상승, 부동산 커뮤니티 때문…… 국토부 장관 내정자의 생각'이라는 유의 게시글을 공유한 것을 발견했다. 변창흠 전 장관은 『도시문제』 2020년 12월 호에 기고한 글에서 부동산 커뮤니티가 불안 심리를 인위적으로 형성하고, 비대칭성을 가진 정보를 확산시키며, 부동산 거래를 촉진하고 가격을 올리면서 부동산시장에 영향을 미치고 있다고 지적했다.[5] 카페 이용자들은 이 글을 두고 어떻게 당국의 정책 실패를 커뮤니티 탓으로 돌리고 국민에게 책임을 전가하느냐며 분노를 표출했다.

동자동 쪽방촌 소유주 입장에 공감하며 커뮤니티에 공공개발에 대한 분노를 표출한 글들도 이런 식으로 사업 지연에 영향을 미치고 있는 것은 아닐까? 동자동 공공주택사업 추진 계획이 발표되던 날, 부동산스터디에는 이와 관련해 수많은 게시글이 등록됐다. 가장 먼저 동자동 사업 소식을 정리해 게시글을 올린 이는 강 대표였다. 그 글에 곧바로 반응이 쏟아졌고, 국민청원을 요청하는 동자동 소유주들의 게시글도 속속 업로드되기 시작했다. "3대째 동자동에 사는" 소유주, "쪽방을 살 수도 있었지만 양심적으로 열심히 발품 팔아서 빌라를 매수한" 소유주 등은 개인사와 감정을 카페 이용자들과 적극적으로 공유하며 소통을 이어갔다. 한 소유주는 동자동 개발구역 투자를 "영끌해서 하나 사둔 거"라 표현하며, 청약 한번 못 써보고 15년을 기다렸는데 국가가 "내 집을 쪽방촌 노숙자를 위해 재개발"하려 한다며 억울함을 호소하는 게시물을 거듭 올렸다.

반면 블로그, 커뮤니티, 오픈채팅방 등 다른 온라인 커뮤니티에서는 동자동 사업을 적극 지지하는 소유주나 이에 공감하는 여론을 좀처럼 찾을 수 없었다. 후암동에 거주하는 어느 공인중개사만이 예외적으로 긍정적인 의견을 네이버 블로그에 올렸는데, 그는 이어진 서면 인터뷰에서도 쪽방촌 주민들에게 주거권을 보장해야 하며 주거권이 행복권의 기초라고 주장했다. 그러나 이 같은 의견은 극소수였다. 게시물과 댓글 화력을 동원해 동자동 사업에 대한 반대 여론을 형성하려는 움직임이 온라인 커뮤니티의 주류였다. 우리는 이런 여론의 확산이 소유주들의 반대 시위와 맞물려 동자동 사업 추진을 더디게 한 원인 중 하나라고 보았다.

온라인 커뮤니티의 역동과 정동

부동산스터디에 올라온 여러 게시물과 댓글은 부동산 커뮤니티의 역동과 정동affect을 고스란히 반영한다. 회원들은 유용한 정보를 교환하고 기쁜 일에 축하, 격려, 공감의 글을 보내는 한편, 자신들의 투자 활동에 불리한 변수가 발생하면 집단 반발을 유도해내고자 했다. 강영훈 대표는 동자동 사업 관련 소식을 발 빠르게 알리고, 글을 작성한 이후에도 LH 담당자와 통화하며 추가로 확인한 사실을 전했다. 그가 글을 올린 뒤 동자동 사업으로 큰 피해를 보고 있다는 소유주들의 게시물이 차례로 올라왔다.

쪽방촌 소유주가 이제 어떻게 해야 할지 묻는 글을 올리자, 그를 소유주 밴드와 단톡방에 초대하려는 이용자들의 댓글이 연이어 달렸다. 그 뒤로도 동자동 사업 현황을 자세히 서술하며 반대 의사를 피력하는 국민청원에 동참해달라는 게시물이 여러 건 게재됐다. 국민청원 글의 제목은 '국민 재산권을 탈취하는 서울 용산구 동자동 공공주택 조성사업을 당장 멈춰주세요……'였다. 카페 회원들은 억울함, 분노, 슬픔을 토로한 소유주들에게 국민청원에 동의하고 왔다는 댓글을 달며 위로와 지지를 보냈다. 동시에 "국가가 어떻게 '일반 국민'에게 이런 일을 벌일 수 있냐" "진짜 이게 민주주의 대한민국이 맞냐" "날강도가 따로 없다" "진짜 미쳐 돌아간다" "나라가 개인 땅 빼앗아 도적질해놓고 그 땅으로 착한 일 한다 국민들에게 칭찬해달라 한다"라며 국가를 향한 분노를 원색적으로 표출했다.

이 같은 풍경은 네이버 블로그, 네이트 판, 디시 인사이드에서도 마찬가지였다. 부동산스터디에 올라온 국민청원 게시물이 그곳들에도 똑같이 공유되었고, 이용자들은 소유주에게 동정과 지지를 표했다. 익명성이 보장되는 플랫폼의 특성상 국가를 향한 분노는 더욱 노골적이고 공격적이었다. 동자동 공공주택사업 시작을 알리는 국토부 블로그 게시물에는 '반대합니다'라는 내용의 댓글이 200여 개 이상 달리기도 했다. 사업을 지지한다는 극소수의 댓글에는 그를 비난하는 대댓글이 잇따라 달렸다.

우리가 살펴본 수많은 댓글에는 몇 가지 반복되는 논리가 있었다. '공산주의'와 '사회주의'는 공공개발 결정을 내린 행위자를 비난할 때 사용된 핵심 단어였다. 주로 "민주 국가에서 정부가 공산주의, 사회주의, 전체주의를 행하고 있다"는 식으로 활용된다. 이 키워드들은 오로지 정부의 결정을 비난할 목적으로만 등장한다. 국가가 국민의 사유재산권을 침해한다는 주장도 다수 존재했다. "국가가 무슨 권리로 평범한 서민의 재산을 강탈해가는가, 이런 국가는 공산주의 국가"라는 논리다. 심지어는 LH가 쪽방촌 주민을 위한다는 그럴듯한 명분을 앞세워 개인의 사유재산을 강탈한 뒤 '땅장사'를 한다는 식의 댓글도 있었다.

가족주의 서사(최시현 2021b)도 어김없이 등장했다. "평생을 열심히 노력해서 간신히 동자동에 마련한 집인데, 건강상의 이유로 자식의 집에 사는 아버지가 투기꾼에 악덕 임대인이냐. (…) 피 같

133

은 재산을 빼앗아가는 것은 절대 안 된다."

동자동을 최후의 보루로 보는 시각도 있었다. 동자동은 서울에서도 흔히 금싸라기로 인식되는 땅인데 이런 곳이 국가에 의해 현금 청산된다면, 차후 재개발지역으로 지정될 다른 곳들도 하루아침에 동자동과 같은 상황에 처하게 될 거라는 주장이다. "동자동은 시작에 불과합니다." "모두 한목소리를 내고 막아야합니다." 지금 동자동 사업에 관심을 갖지 않으면 누구라도 언젠가 '피해자'가 될 수 있다는 불안은 동자동에 건물을 갖고 있지 않은 이들까지 소유주들에게 동조하게 만들었다. 이처럼 일면식도 없는 이들이 서로의 처지에 깊이 이입하는 모습은 부동산시장이 다양한 이해관계와 투자 이익에 대한 기대를 바탕으로 끊임없는 우발적 연대를 도모하는 장임을 보여준다.

부동산 문화와 시장 구조의 얽힘

우리는 온라인 참여관찰을 통해 오프라인에서 만난 동자동 쪽방 소유주와 부동산 커뮤니티 이용자 간의 공통점을 파악할 수 있었다. 이들에게서 공통적으로 포착되는 기대, 불안, 분노의 정동은 자산을 지키거나 늘리려는 욕망에서 비롯된 것으로, 집을 자산 증식의 수단으로 인식하는 한국 부동산 문화의 전형을 보여준다.

이들의 욕망 안에서 집은 '거주의 공간'이자 '투자의 대상'으로 존재한다. 부동산스터디 카페 회원들은 오랫동안 살아온 집에서 사는live 것이라는 서사를 반복한다. 한 댓글 작성자는 "조부모 때부터 살아온 집"이기에 쪽방 주민들에게 그 자리를 내어줄 수 없다고 적었다. 또 다른 이용자는 "동자동에서 평생을 살"면서 "쪽방 주민들이 공원을 장악해도, 집 앞에 무료 급식소가 생겨나도 좋은 게 좋은 거라며 참고 지내왔을 뿐"이라며 쪽방 주민들에게 점령당한 집을 또다시 빼앗길 수는 없다고 적었다. 이들이 실제 동자동에서 거주해왔는지 여부는 알 수 없으며, 온라인 커뮤니티 회원들도 진위에는 관심이 없다. 흥미로운 것은 소유주들이 공공 개발에 반대하며 적극적인 분노를 표출할 때, 사는live 집과 사는 buy 집이 뒤섞이기 시작한다는 점이다.

> 자식 대까지 동자동에 살게 하는 게 목표!! 저도 그렇습니다!! 동
> 자동의 입지를 보면 충분히 그런 생각 듭니다. 그런 동네를 XX와
> LH에서 공공 이름 붙여 날로 먹을려고 원소유주들 쫓아내려고
> 하니 참 기가 찹니다ㅠㅠㅠ
> _부동산스터디 회원 A의 댓글

'집을 살 권리가 집에 살 권리에 우선한다'는 사고는 어떻게 정당성을 획득하게 되었는가? 부동산 개발 역사를 추적한 사회학자 김명수(2020)는 한국의 주택공급이 '자원동원형 공급 연쇄'의 형태로 이뤄졌다고 주장했다.

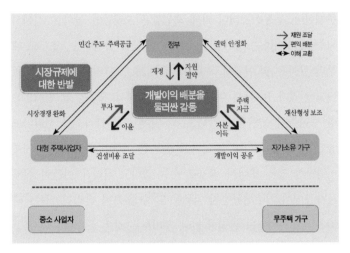

자원동원형 공급 연쇄(김명수 2020: 83에서 인용).

위 도표에서 보듯 자원동원형 연쇄는 정부의 취약한 재정을 가계와 기업의 자금으로 메우는 특수한 재무구조에 기반한다. 정부는 시장경쟁에 따른 위험을 줄이고 독점 이윤을 획득할 수 있는 시장구조를 대형 사업자에게 보장함으로써 주택산업의 대형화를 유도한다. 기업은 홀로 감당하기 어려운 건설비용을 가구로부터 조달받으므로 이 과정에 동참한 자가소유 가구와 주택사업자는 개발이익을 서로 공유하는 관계가 된다. 정부는 또한 공급 연쇄에 수반된 여러 제도를 통해 자가소유 가구에 재산 형성을 위한 권리와 특혜를 제공한다. 하지만 "개발이익의 배분을 통해 사적 행위자들의 기여에 보상하는 주택공급 방식"은 주거비용의 상승을 야기하며, 이에 정부는 "개발이익 창출과 주택가격 억제라는 상충적 목표를 동시에 달성해야 하는 이율배반'적 상황에 직면할 수밖에 없다(김명수 2020: 83-85). 이렇듯 소유주가 되어 자산 가격 상승에 생계를 의존하는 방식은 주택을 폐쇄적 성격의 사적 생존 수단으로 전락시켰다.

자산으로서의 주택에 대한 욕망에서 비롯된 발화는 공감과 공유를 거치면서 다시금 부동산 문화를 형성한다. 이 과정에서 커뮤니티 회원들은 단순히 부동산 정책과 정보를 제공받는 데서 그치지 않고, (정부 관계자, 개발업자, 기자, 연구자, 시민단체, 쪽방 주민 등) '내 집'을 지키는 일에 연루되어 있다고 판단되는 모든 사람을 소환해 소유를 둘러싼 자기만의 서사를 구축한다.

공공에 대한 불신

소유주들의 욕망은 LH를 비롯한 공공기관과 정부, 넓게는 국가에 대한 불신과도 연결된다. 국토부가 동자동에서 공공개발을 시작한다는 내용을 전하는 네이버 블로그 글에 한 이용자는 "힘없는 국민 땅 사유재산 강탈해서 어차피 지원하는 쪽방 주민들 임대료 선심 쓰는 척 더 저렴하게 주고 나머지 땅 민간에서 장사해서 공기업 LH 부채 갚고 돈 벌 궁리한다"는 댓글을 달았다. 이는 공공이 개인의 자가소유권을 지켜주지 않을 것이라는 생각, 즉 신뢰라는 사회적 자본이 결여된 상황을 보여준다. 우리와의 오프라인 인터뷰에서 서울역쪽방촌대책위 김일원도 댓글과 비슷한 이야기를 했다. 그는 "말만 공공개발이지 공공개발을 통해 얻는 이

익은 정치인이나 지역구 국회의원이 가져가고 낙후지역을 개발했
다고 하면서 홍보할"것이며 개발에 의한 위험부담은 "주민들이
다 지게 돼 있어요"라고 말했다. 공공개발사업 시행 주체에 대한
그의 불신은 "아무도 안 지켜줘요. 그래서 자기 스스로 지켜야 돼
요"라는 결론으로 귀결된다.

"우리 가족을 지탱하는 전부"

소유주들이 자가를 소유해 자본이득을 챙길 수 있는 환경을
만든 데는 국가의 기여가 있었지만, 우리가 온라인과 오프라인에
서 만난 소유주들 대부분은 공공기관과 정부를 불신했다. 김명수
(2020)는 자가소유권이 정치화되는 과정에서 가족 생계의 담보물
로서 배타적 생존 추구가 과도화되었다고 보았는데, 공공개발에
반대하는 동자동 소유주의 발화에서도 국가에 대한 불신이 가족
주의, 자가소유권에 대한 배타적 욕망과 긴밀히 연결되어 있는 것
을 볼 수 있다.

제발 멈춰주세요. 힘들게 평생 벌어 마련한 제 가족의 모든 것입
니다. 상생, 공공 다 좋은데 제 집을 수용해서 남에게 나눠준다니
이게 민주주의사회, 국민을 보호하는 대한민국 맞습니까?
_ 부동산스터디 회원 A의 댓글

부동산스터디 회원 A는 개발사업에 따른 토지수용에 대해 자

신이 현재 소유한 집은 평생 가족을 위해 모아온 자산이며 그것이 자신의 삶을 지탱하는 전부임을 강조한다. 동자동에서 약국을 운영하는 정영주(가명)도 동자동 사업에 대한 의견을 묻는 우리에게 "부모님 일이라고 생각을 해봐요"라고 답했다. 한국에서 자가를 소유한다는 것은 단순히 개인의 문제가 아니라 가족의 생계와 직결된, 세대에 걸친 생존 전략이 된 것이다.

가족 중심의 생애 기획

부동산 매입과 가족 생계 간 밀접한 연관성은 부동산 정보를 주고받는 카카오톡 오픈채팅방에서도 확인할 수 있다. 이 채팅방에서는 질문을 하려면 가족 구성 정보를 필수로 기재해야 한다. 답변자는 질문자가 결혼한 지 얼마나 되었는지, 자녀는 몇 명인지, 각각 몇 살인지를 고려해 그에 맞춘 매입 정보, 투자 방식 등을 제공한다. 예를 들어 "8살 사립 7살 영유…… 애들 밑으로 학비만 300에 학원까지 하면 달 450은 기본으로 나가네요"라고 운을 떼우면, "모아봤자 얼마겠냐…… 싫겠지만 그 돈이라도 신혼이어야 모입니다. (…) 신혼 때 좀 빡세게 모으시는 게 좋아요"라는 충고가 돌아오는 식이다.

우리는 소유주의 '가족 중심 생애 기획' 서사를 좀더 구체적으로 들어보기 위해 부동산스터디에 29건의 게시물을 올린 동자동 빌라 소유주 S와 서면 인터뷰를 진행했다. 부동산투자에 관심을 갖게 된 계기는 무엇인지, 가족 구성이 투자에 영향을 미치는지

등을 질문했다. 그는 가족 구성이 (부동산투자에 대한 관심에) "영향을 미친다"라며 "자녀가 둘이라서 둘에게 서울 집 한 채씩을 해주고 싶었다. 너무 가난하게 살았기 때문이다. 돈이 없어서 대학교 시절에 너무 힘들게 살았던 기억 때문에 ○○(대학가) 근처에도 가기 싫다"라고 대답했다. 그에게 부동산투자는 자신이 겪은 가난의 기억을 자식들에게 물려주지 않기 위한 수단이었다.

빈자 혐오로 이어지는 배타적 자가소유권

부동산 행위자의 서사에서 드러나는 가족 중심의 생애 기획은 배타적인 특성을 갖는다. 자가소유가 가족이라는 폐쇄적인 단위의 생계수단으로 고착화되면서 '내 집' 소유 여부는 도덕성과 성실함을 판단하는 잣대로 손쉽게 치환된다. 동자동에서 자가소유권에 달라붙은 도덕의 감각은 쪽방 주민들을 향한 차별과 혐오로 가시화되었다. 우리가 동자동에서 만난 한 소유주는 쪽방 주민들이 "지나가는 여자들한테 욕도 하고 자동차가 지나가면 부닥쳐서 돈도 좀 뜯어내고 아무한테나 교양 없이 행동하고 (…) 힘든 걸 극복하려고 하지 않는다"며 비난했다.

이 같은 낙인은 빈자에 대한 고정관념을 재생산하며, 쪽방 주민에게는 양질의 주거환경에서 살 권리, 살던 곳에서 계속 거주할 권리를 요구할 자격이 없다는 비난으로 이어진다. 부동산스터디 회원 B는 "서울 랜드마크가 될 곳에 쪽방촌 주민들을 위한 평당 1억짜리 집을 지어주겠다는 것도 어불성설"이라며 "놀고먹는 쪽방 주민에게는 과분한 입지"라는 댓글을 남겼다. 그는 쪽방 주민들을 위한 임대주택은 외곽에 짓고, 동자동에 들어설 신규 주택은 열심히 일한 청년이나 신혼부부에게 공급해야 한다고 주장했다. 이런 발화에서 발견되는 동자동 쪽방 주민들을 향한 혐오의 기저에는 소유주가 얻어야 할 자본이득을 그들이 빼앗고 있다는 인식, (이들이 판단하기에) 노력하지 않고 게으르게 산 사람은 집을 소유할 자격이 없다는 생각이 자리한다. 오픈채팅방에서 오간 아래의 대화는 빈자 혐오가 부동산 문화 전반에 퍼져 있음을 보여준다.

무주택자는 5년 동안 지켜보기만 하다 왜 실거주 한 채도 장만을 안 했는지.
_ 서울_카카오톡 오픈채팅방

그러니까요. 감 떨어지기 기다리면 되는 줄 아는 건지. 아파트 근접이 어려움 원룸 오피로 시드를 해서라도 점프해야 할 텐데. 영원히 그러시겠죠.
_ 서울경기_카카오톡 오픈채팅방

슬픈 현실…… 집값이 오르면 현실 부정하면서 곧 폭락할 거라고 하면서 집을 안 사고, 막상 집값이 떨어지기 시작하면 요즘처럼 깡통 전세가 속출하고 역전세 생기는 상황에서 누가 집을 사냐고

하면서 또 안 사죠.

_ 서울_카카오톡 오픈채팅방

집 한 채 마련하지 않은 사람들은 공부를 제대로 하지 않은, 내 집 마련 노력이 부족한 비하의 대상이 된다. 이런 비난의 기저에는 자가를 소유하지 못한 사람은 어리석은 사람이라는 생각이 깔려 있다. 쪽방 주민들을 향한 혐오는 자기 이익을 줄이는 대상에 대한 거부일 뿐 아니라 부동산 문화 전반에 깔린 가지지 못한 자, 자기만큼 노력하지 않아서 집 한 채 마련하지 못한 자에 대한 멸시이기도 하다.

온라인과 오프라인의 역동으로 형성되는 부동산 문화

무엇이 사실이 되는가

온라인 커뮤니티는 오프라인에서 부동산 소유주 간 관계의 역동을 구성하거나 상호 영향을 주고받는 방식에도 영향을 미쳤다. 소문은 구설이 되거나 언론에 보도되고, 부동산 커뮤니티에 오르내리며 행위력을 발휘했다. 예를 들어 동자동대책위 심경주는 2021년 11월 한 언론사와의 통화에서 자신이 노형욱 당시 국토부 장관과 면담했다면서, 노 장관이 대책위 측의 민간개발 정비계획안을 검토하기 전까지는 중도위도 열지 않고 지구 지정 고시도

하지 않을 거라고 했다고 전했다. 그러나 실상은 이와 달랐다. 아침마다 노 전 장관 집 앞에서 장관을 기다리던 그는, 마침 장관이 스쳐 지나갈 때 던진 질문에 단지 "재검토하겠다"라는 답변을 들은 것이 전부였다. 하지만 그는 사실에 살을 덧붙이며 스치듯 나눈 대화를 '면담'으로 격상시켰고, 이것이 언론에까지 보도됐다. 이런 일련의 과정은 언론을 통해 자기들에게 유리한 소문을 구성하고 상상을 유통하는 쪽방촌 소유주들의 적극적인 실천을 보여준다.

서울역쪽방촌대책위 김일원은 우리와의 인터뷰에서 "○○(신문사) 모 기자와 친분이 있는" 사람이 "민간개발을 부추기고 공공개발을 막으려는 기사를 많이 보도했다"면서, 공공개발을 반대하는 소유주들이 언론을 이용해 소유주 내부에 민간개발을 주장하는 입장이 우세한 것처럼 몰아간다고 말했다. 기사에는 용산구청과 서울시가 민간개발에 대한 법적 검토를 실시했고, 이에 동자동 사업이 공공개발이 아닌 민간개발로 추진될 것이라는 내용이 담겼다. 소문의 파급력을 인지한 서울역쪽방촌대책위는 용산구청과 서울시에 사실을 확인했고, 언론에 보도된 내용은 사실이 아닌 것으로 밝혀졌다. 잘못된 정보를 보도한 두 건의 기사는 언론중재위원회에 제소됐다.[6] 쪽방 주민들 또한 소문에 민감할 수밖에 없다. "면담했다는 소문을 민간개발로 방향을 우회했다는 것으로 인지하고 상당히 많이 동요합니다." 사랑방마을주민협동회 선동수 활동가의 말이다.

과대 대표와 소유주의 단일화

소문이 수행성을 갖고 자기실현적 예언(이승철 2022)이 되는 과정에서 소유주들의 목소리는 적극적인 의견 개진을 거치며 과대 대표된다. 부동산스터디에 '동자동'을 검색하면 나오는 최신 열다섯 개 게시물 중 무려 열한 개가 동자동 사업에 반대한다는 내용의 글이었다. 나머지는 동자동 사업과 임장 관련 후기였다(2022년 6월 기준). 온라인 커뮤니티에서는 공공개발에 반대하는 의견이 단연 우세했다.

하지만 우리가 인터뷰를 진행하며 만난 소유주들은 결코 균질한 집단이 아니었다. 공공개발을 찬성하는 소유주들이 존재하는 것은 물론이고, 어느 쪽에도 관심을 두지 않고 그저 관망하는 소유주도 있었다(5장 참조).

동자동 사업과 관련해 부동산스터디에서 가장 활발히 활동하는 이는 S, G 등 두 명이다.[7] S는 후암특별계획구역 내 건물을 매입한 소유주로, 쪽방을 갖고 있진 않다. 그는 '동자동의 평범한 투기꾼 이야기'라는 제목의 글에서 쪽방을 매입할 때 예상되는 수입이 있었지만 "불법 개조 등이 마음에 걸려 결국 쪽방촌 매물은 계약하지 않고 일반적인 빌라를 계약했다"면서 "현금을 땅으로 바꿔야겠다"는 생각으로 부동산을 매입했다고 말했다. G은 부모 세대부터 동자동에 거주한 소유주이자 주민이다. 두 사람은 민간개발을 지지하며, 네이버 카페를 통해 서로의 글에 댓글을 남기고 의견을 주고받는다. 동자동 관련 게시물에 이들이 남기는 댓글들은 또 하나의 장이 되어 소유주를 한 집단으로 단일화한다. 그들은 동자동에 부동산을 소유하게 된 경로와 목적이 달랐지만, 민간개발을 주장한다는 이유로 단결하고 있었다.

S는 서면 인터뷰에서 부동산스터디를 방문하지 않은 지 오래되었다고 했다. "오픈채팅방을 가장 많이 이용한다. 정보를 얻기 위해서인데 별로 도움은 안 되는 것 같다. 부동산 책을 보는 것이 많은 도움이 된다고 본다." 그렇게 말하면서도 그는 사업 반대 게시물을 올리거나 국민청원 참여를 호소할 때만큼은 카페 이용에 적극적이었다. 민간개발에 찬성하는 이들이 서로 교감하고 힘을 모으는 공간으로 온라인 커뮤니티가 유용하기 때문이다.

소유주들이 단결을 강조하면서 하나로 뭉치려는 모습은 오프라인에서도 동일하게 발견된다. 동자동대책위 김영걸(가명)은 민간개발이 실시돼도 소유주들 간 이해관계가 다르기 때문에 충돌하는 부분이 있겠지만, "민간개발을 하는 게 목적이 아니라 공공개발을 반대하는 것이 목적"이기 때문에 "이 목표에 대해서는 부딪칠 게 없다"고 했다. 심경주와 김영걸은 민간개발이 주장하는 상생을 둘러싸고도 견해차가 있지만 "소유주들은 다 같은 의견"이며, 단지 공공개발을 주장하는 5퍼센트의 반대파가 있을 뿐이라고 주장했다.

반면 공공개발에 찬성하는 서울역쪽방촌대책위 김일원은 공공개발과 민간개발을 주장하는 소유주의 비율을 달리 설명했다. 그에 따르면 공공개발을 주장하는 비율은 전체 소유주 중 35퍼센트

145

이지만, 개발 과정을 관망하는 사람이 다수이기 때문에 개발 찬성 측 35퍼센트를 뺀 나머지 65퍼센트가 모두 민간개발을 주장하는 것은 아니라고 했다.[*] 그는 사람들이 관망하는 이유에 대해 동자동대책위 위원장의 힘이 크기 때문이라고 설명했다. "괜히 밉보여서 내가 피해보는 거 아닌가 해서" 아무것도 하지 않고 그냥 보기만 하는 사람들이 있다는 것이다. 178명이 참여하던 밴드에는 아무런 의견도 내지 못하고 정보만 얻는 소유주들도 있었다. 열성 행위자, 퇴출당한 자, 관망자 등 다양한 층위의 소유주가 있었지만 동자동대책위는 "소유주 95퍼센트 민간개발 찬성"이라는 표어로 집단을 단일하게 형상화했다.

---

[*] 동자동에 실거주하는 소유주의 비율에 대해 언론은 각기 다른 정보를 제공해왔다. 공공개발에 찬성하는 서울역쪽방촌대책위 측은 소유주 실거주 비율을 25-30퍼센트로, 민간개발을 주장하는 동자동대책위 측은 25퍼센트로 파악했다. 정확한 수치를 위해 2022년 5월 동자동 건축물대장을 열람해 우리가 실거주 비율을 직접 조사한 결과, 팝업 창 오류로 정보가 뜨지 않는 건을 포함했을 때 24퍼센트, 포함하지 않았을 때 28퍼센트였다. 2022년 12월 홈리스추모제 공동기획단 주거팀은 동자동 쪽방촌 등기부등본을 전수조사한 결과를 발표했다. 공공주택사업 예정지 건물 308채의 소유주 실거주지를 분석한 결과, 소유주의 현주소지가 일치하는 경우는 83건(27퍼센트), 현주소지가 다른 지역으로 확인되는 경우는 199건(64.6퍼센트), 그 외 국가, 지자체, 법인 등 소유가 26건(8퍼센트)이었다(동자동사랑방 외 2022: 15).

사기 위한 노력, 살기 위한 노력

지금까지 우리는 부동산 문화를 통해 자가소유권이 배타적 생계수단이 되어버린 현실을 지적하고, 이러한 경향이 어떻게 집단적인 실천을 통해 유지·강화되는지를 살펴봤다. 한 소유주는 "개미처럼 일해서 모은 소유주의 재산을 강제로 빼앗아 거지들에게 베풀어주는 것"에 문제를 제기했고, 우리가 살펴본 부동산 행위자 대부분은 이에 동의하는 모습을 보였다. 자신들은 부동산 획득을 위해 열심히 일하고 투자 정보를 얻기 위해 부동산 카페에 1만 회 이상 방문하기도 했는데, 그렇게 기대했던 자본이득을 '노력하지도 않은' 쪽방 주민들에게 빼앗기게 됐다고 생각하는 것이다. "해 뜨기 전에 출근해 달 보고 들어와서 장만한 내 집이다. (…) 절대 내 집 못 내놓는다. 목숨 바쳐 지킨다"라는 댓글이 보여주듯 소유주들은 집에 쏟은 노력을 노동으로 의미화하여 이를 재산권에 대한 요구와 연결시켰다. 힘들게 노동해서 창출한 수입을 모아 구매한 집, 그렇게 노력-노동-소유권으로 연결되는 매끄러운 서사가 구축됐다.

언론도 이 같은 서사에 힘을 보탰다. 한 기자는 기사를 통해 부동산투자자들을 악마화하는 현실에 문제를 제기하며 정부에서도 "부동산 카페를 모니터링하고 있다면 이들을 어떻게 규제할지가 아니라 주거정책의 파트너로 인정하고 윈윈할 수 있는 방법을 찾는 편이 좋겠다"고 주장했다.

전국에 원룸과 오피스텔 수십 채를 소유한 임대 사업자를 지켜본 적이 있다. 주부인 그는 웬만한 직장인보다 더 바빴다. 매일같이 구청과 중개업소, 세무서, 오피스텔을 돌아다녔다. 용건 없이 친구를 만나 차를 마신 게 언제였는지 기억이 안 난다고도 했다. 이런 사람을 투기꾼으로 볼 수 있을까.[8]

노력해서 부동산에 투자하는 사람들은 투기꾼이 아니라는 논리는 합당할까? 소유권은 노력에 뒤따르는 당연한 권리인가? 생계에 대한 책임을 국가가 아닌 개개인이 지는 게 마땅한 윤리로 강조돼온 자본주의 사회에서 소유주들은 자가소유권을 정당화하는 논리로 노력을 내세웠다. 한 부동산 카페 회원 C는 '이런 사람은 부자되기 어렵습니다(feat. C)'라는 제목의 글에서 부자가 되기 위해서는 운이 아니라 노력이 중요하다고 강변한다. 다른 사용자가 부동산투자는 노력도 중요하지만 운이 따라주어야 하는 일이라고 주장하자 그는 "내가 부자가 되지 못한 이유는 노오오오력을 안 해서가 아니라 운이 없었기 때문이라고 생각한다면 언제 올지 모를 그 운에 기대어 노오오오력을 하지 않거나 노력을 덜 할 것"이라고 말한다. "본인이 생각하는 그 운이 온다고 할지라도 그 운은 결국 나보다 더 노오오오력을 한 사람의 것이 될 확률이 높"다는 것이다. 부동산투자로 이익을 보지 못한 이유는 운이 나빠서가 아니라 노력이 부족했기 때문이며, 따라서 "아이를 키우는 어머니가 쪽잠을 자면서 부동산 공부를 해야"만 한다는 것이 그의 주장이었다. 이 정도의 노력 없이 이익을 얻길 기대하는 것은 어처구니없는 일이라면서 그는 노력하지 않으면 안 된다는 "뻔한 결론"을 실천하는 사람이 많지 않다는 점을 재차 지적했다. "그래서 늘 부자가 되는 사람은 소수인 것이죠."

노력해야 부자 된다는 이 "뻔한 결론"을 실천하는 사람들은 자신의 재산권과 이익을 수호하기 위해 밤낮으로 시간과 에너지를 쏟는다. 소유주들이 이토록 분투하는 까닭은 우리나라의 부동산 문화에서 주거는 오로지 개인에게 달린 문제이며, 개인의 노력만이 빈곤에서 자기를 구제할 수 있다는 믿음이 지배적 서사로 고착되었기 때문이다. 하지만 그 노력은 주거권이 아닌 타인의 소득을 전유함으로써 얻는 소유권을 향해 있다. 이를 근거로 재산권과 소유권의 정당성을 주장하며 배타적 생존 도구로서 집의 위상을 강화시키는 이들의 노오오오력은 삶의 필수 요소이자 헌법이 보장하는 주거권을 비가시화한다.

물론 나와 가족의 안위를 걱정하는 마음, 더 안전하고 안정적인 삶을 위해 기울인 노력을 폄하할 수는 없다. 그러나 "고작 그 정도의 마음을 먹는 것일 뿐이지만 이렇게 시작된 경제 실천들은 사회적 불평등과 시민들의 주거 불안"(최시현 2021a: 74)으로 이어진다는 점을 생각해볼 필요가 있다. 우리는 노력을 외치며 부동산 실천에 참여하는 전 과정을 정당화하려는 소유주들의 서사 바깥에서, 쪽방촌 주민들이 어렵게 만들어온 관계의 그물을 떠올려본다. 배타적 생존주의라는 주거 전략이 아닌 상호의존이라는

149

새로운 삶의 가능성을 상상해볼 순 없을까?

문해민, 반제연, 이채윤, 이호재, 임지현, 조문영, 황인선

3부

동자동
주민들

5장 소유주는 누구인가?

동자동 쪽방촌 '소유주'라는 이름

'계산적이며 냉혹한 사람' 내지 '정당한 권리를 주장하며 목숨을 건 싸움을 이어나가는 투사'. 동자동 공공주택사업이 발표된 직후, 언론은 찬성과 반대라는 대립 구도로 소유주와 세입자 주민 간의 갈등을 앞다퉈 전면화했고, 그 과정에서 소유주들은 쪽방 주민과 상반되는 이미지로만 그려졌다. 개발 계획에 자기들의 의견도 반영해달라고 요구하는 쪽방촌 주민들과 이에 맞서 단체를 앞세워 동자동 사업 취소 청원서를 제출하는 소유주들의 대립이 선명하게 부각되었다. 하지만 사업을 둘러싸고 생성된 복잡한 이해관계를 '쪽방 비소유 주민'과 '비거주 소유주' 두 집단의 갈등으로 단순화하는 시각은 어딘가 석연찮다. 이 장은 소유주 집단의 지형을 그동안의 이분법적인 구도에서 벗어나 새롭게 그려보려는 시도다. 그 과정에서 소유주들이 취하는 언어와 전략을 통해 한국 부동산 문화의 일면도 들여다볼 것이다.

소유주의 안과 밖

소유주들을 만나는 과정은 쉽지 않았다. 누가 소유주인지를 찾아내는 것부터 난관이었다.[*] 당연히 인터뷰에 섭외하기는 더 어려웠다. 그나마 대책위에서 적극적으로 활동해온 행위자들은 언론 인터뷰에 이미 익숙했기에 섭외가 비교적 수월했다. 우리는 쪽방 주민인 동자동사랑방 김정길 이사를 통해 한 소유주를 소개받았는데, 인터뷰에 응하기로 했던 그는 이내 언론에 신상이 알려질 걸 우려해 고사했다. 인터뷰에 응한 한 목사를 통해 동자동에 거주하는 약사 정 씨를 소개받기도 했지만 경계심 때문에 인터뷰를 진행할 수 없었다. 공공개발이 예민한 현안인 만큼 그는 외부인인 우리에게 개인적 입장을 털어놓는 것을 조심스러워 했다. 김

---

[*] 연구에서 상정한 소유주란 '비거주 소유주' '실거주 소유주' '인근 거주 소유주(소유한 건물에 거주하진 않으나 동자동 내에 거주하는 사람)' '상가 건물 소유주' 등 모든 유형의 소유주를 총칭한다.

영걸은 정 씨를 통해 소개받았는데, 추가 인터뷰 요청에는 응하지 않았다. 이밖에도 세탁소, 여인숙 주인들도 우리와 한 번 이야기를 나눈 뒤로는 앞으로 찾아오지 말라며 단호한 태도를 보였다. 첫 인터뷰 때와는 확연히 달라진 반응이었다. 소유주 집단 내부에서 자신들의 이야기가 외부로 새어나가는 것을 단속하자는 말이 오간 게 아닐까 싶었다. 소유주들은 자기들의 주장이 외부에 알려졌을 때 발생할 파급 효과를 경계했으며, 이해관계가 언제든 뒤바뀔 수 있기에 지금의 입장을 적극적으로 내세워야 하는 인터뷰에는 소극적이었다.

단일한 집단?

우리는 소유주들이 단일한 욕망을 가진 집단이란 암묵지에 의구심을 갖고 그 내부를 좀더 자세히 들여다봤다. 동자동 소유주들은 큰 틀에서 두 집단으로 나뉜다. 공공개발 결정 철회 및 민간 개발 이행을 주장하는 '동자동대책위원회(가칭)'와 선이주 동시 착공 방식의 공공개발을 주장하는 '서울역쪽방촌대책위원회(가칭)'다. 두 집단은 서로 다른 주장을 하고 있지만, 언론 기사에선 대표성을 가진 임원들의 주장만 부각되다 보니 구성원 모두가 단일한 이해관계를 가진 것처럼 보도된다. 우리가 만난 대부분의 소유주도 "(소유주 의견이) 다 같다. 5퍼센트 정도만 다르다"는 식으로, 공공개발에 모두가 반대한다고 이야기했다. 하지만 그 안을 들여다보았을 땐 같은 대책위에 속한 소유주끼리 다른 주장을 펼치는 일도 있었다.

> 상생을 위해서 저희가 민간개발을 하지는 않겠죠. (…) 도정법(도
> 시 및 주거환경정비법)에는 이주 대책을 세워야 되고, 이게 다 있기
> 때문에 당연히 그걸 지켜야 돼요.
> _ 동자동대책위 김영걸

심경주는 "쪽방 사람들 때문에라도 (개발이) 빨리 되어야 한다.
그들이 사는 방은 너무 열악하다"라며 민간개발이 쪽방 주민들의
상생 방안이라는 주장을 폈다. 반면 김영걸은 민간개발의 목적에
쪽방 주민과의 상생이 포함되어 있진 않다고 했다. 아울러 공공
개발에 찬성하는 이는 "몇 없다. (…) (모두의) 이해관계가 다 다르
다"면서 민간개발이 진행되면 소유주끼리 부딪치는 상황이 생길
수 있다고 인정하기도 했다. 소유주들은 본인이 속해 있는 대책위
를 단일한 집단으로 묘사하려 했지만, 말과 태도에서 은연중에 입
장 차이가 드러났다. 이런 모순적인 반응은 소유주 대책위를 조직
한 사람들이 내부 결속에 균열이 생기는 것을 우려한 데서 비롯
된 것으로 보인다. 소유주들은 내부 마찰을 인지하면서도 개발이
익이라는 목적을 위해 집단 내 이견을 부러 가리는 식으로 결속
을 다지고 있었다.

그렇다면 동자동 사업을 둘러싸고 두 조직으로 나뉘어 대조적
인 주장을 펼치는 소유주들은 상대를 어떻게 인식하고 있을까?

심 씨는 소유주 대다수가 민간개발을 원한다고 강조했지만, 김일원은 토지 면적을 근거로 공공개발이 소유주들한테 더 이익이라고 주장했다. 자신의 주장에 부합하는 사실을 강조하여 담론을 유리하게 이끌어가려 하는 모습이었다. 김영걸은 자신을 포함해 동자동에서 오래 산 사람들은 민간개발을 주장하고, 동자동에 들어온 지 얼마 안 된 사람들이 공공개발을 지지한다고 주장했다. 그는 김일원을 가리켜 "영등포 개발에서 재미를 봐서 동자동에 들어왔다"고 말하며 "믿을 만한 사람이 아니"라고 했다. 하지만 그의 주장은 사실과 달랐다. 강문정은 동자동에 오래 거주했음에도 서울역쪽방촌대책위에 참여해 김일원과 같은 행보를 보이고 있다. 서울역쪽방촌대책위 사람들이 동자동대책위 구성원들을 묘사하는 방식에서도 특정한 시각이 드러난다. 여인숙을 소유하고 있는 주미연(가명)은 "그 사람들은 오직 돈이야. (…) 가방끈이 짧아 이걸 이해를 못해"라고 말하며 동자동대책위 사람들을 저학력자로, 서울역쪽방촌대책위 일원들을 '배운 사람들'로 구분했다. 조금만 생각해보면 민간개발로 이익을 볼 수 없는 구조라는 걸 알 수 있을 텐데 동자동대책위 사람들이 '배우질 못해서' 민간개발을 외친다는 것이다. 또한 서울역쪽방촌대책위 안현무는 동자동대책위 사람들을 두고 "데모만 할 줄 아는 이들"이라고 평했다. 자기 조직의 지적 우위를 강조하고 동자동대책위를 폄하함으로써 본인들의 주장에 무게를 싣는 것이다. 이런 복잡한 지형에서 '소유주는 민간개발을 지지한다' '소유주는 단일하다'라는 주장은 매끄럽게 성립되지 않는다.

이렇게 개발 방향을 두고 각 대책위의 의견이 첨예하게 대립하다 보니, 서로 고소·고발하는 일까지 벌어졌다. 상대 대책위에 '스파이'를 심는다거나, 주류 의견과 다른 목소리를 내는 사람을 '프락치'로 의심하기도 했다. 동자동 사업이 소유주 집단 내부에서도 이토록 예민한 사안인 탓에 외부인인 우리가 소유주 커뮤니티 내부를 자세히 관찰하는 일 역시 쉽지 않았다. 외부인을 향한 경계심, 예민함이 상당했기에 우리는 그 내부를 살피면서 어떤 두려움마저 느꼈다. 인터뷰에 응하면서도 우리에게 신분을 증명하라고 요구하거나 우리의 사진을 촬영하는 모습에서 소유주 집단 내부의 긴장이 매우 고조되어 있음을 느낄 수 있었다.

한편 관망하는 소유주도 적지 않았다. 한 소유주 주민은 "우리도 100명으로 한 60여 명, 이 정도 치는 거고 나머지는 관망하는 거예요"라며 관망하는 소유주들의 존재를 언급했다. 이들은 특정 대책위에 소속되어 있다곤 해도 조직의 목적 실현을 위해 적극적으로 행동하지 않으며, 심지어 대책위가 어떠한 활동을 하는지도 모르는 이가 많았다. 일례로 동자동대책위 소속이자 동자동 내 상가건물을 소유하고 있는 약사 정영주는 "나이가 들어서 따로 활동은 안 한다"고 말했다. 동자동대책위 소속이자 쪽방 건물 소유주이기도 한 세탁소 사장도 "저기 추진하는 데서도 아직까지 별 진전이 없으니까…… 열심히 뛰는 사람 뛰겠지. 우리는 따라가는 입장이니까"라며 관망하는 모습을 보였다. 여인숙 소유주 주민

동자동대책위에서 공공개발에 대한 항의 표시로 쪽방촌 곳곳에 내건 붉은 깃발. 이런 표시는 공공개발에 반대하는 소유주 이미지를 강화하며 집단 내부의 차이를 가린다.

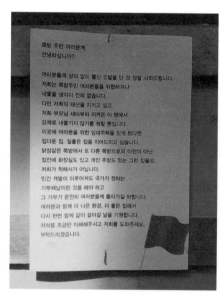

정부의 공공개발 발표 이후 소유주들이 쪽방 주민들에게 접근하는 방식은 협박부터 회유까지 다양했다. 이 편지는 동자동대책위에서 2022년 4월 쪽방촌 골목에 붙인 것으로, 민간개발로 더 좋은 공공임대 아파트를 지어주겠다며 주민들을 설득하는 내용이 적혀 있다(신상이 드러날 수 있는 정보는 지웠다).

연 역시 이제는 나이가 들어서 활동은 못 하지만 임원들이 열심히 참여하고 있다면서 개발 문제에 적극적으로 관여하지는 않는다고 했다. 상반된 입장의 두 대책위와 그 내부에서 관망하는 소유주들의 존재는 소유주 집단이 다양한 배경과 이해관계를 지닌 이들이 모인 다층적 집단이라는 사실을 새삼 일깨운다.

쪽방 주민을 바라보는 공통된 시선

쪽방 주민을 바라보는 소유주들의 인식은 그들의 언어나 표정에도 묻어난다. 가난의 원인을 태만과 게으름 같은 개인적 특성에서 찾는 것부터 빈곤을 범죄와 동일시하는 혐오의 태도까지 그 정도는 다양하다. 한 소유주는 쪽방 주민들을 "교양 없는 사람들"로, 심지어 "성폭행범"으로 묘사하기도 했다.

> 쪽방 주변에 있는 사람들 성폭행범 진짜 많아요. (…) 강남구 성폭행범 리서치를 통계청에 의뢰해서 한번 해보면요, 몇 명이나 나올까요? 강남구 전체 비율보다요, 쪽방촌 비율이 더 높아요.

온라인 커뮤니티에서 자가소유 여부로 노력 운운하며 빈자 혐오 논리를 만들어냈던 이용자들의 모습이 동자동 소유주들에게서도 엿보였다. 소유주들은 스스로 지금의 자리에 오기까지 거쳐야 했던 고난과 역경의 서사를 이야기하면서 자기를 '게으른' 쪽방 주민들과 구별했다. 가령 심경주는 동자동에 정착한 뒤 "자기 자신

을 너무 망가진 사람으로" 방치한 쪽방 주민들을 안타까워하면서
도, "내가 내 자신을 만들" 의지를 보이지 않는 그들을 비난했다.
김일원 역시 가난을 노력으로 극복한 경험담을 들려주었다. 외환
위기를 비롯해 경제적 어려움을 여러 차례 겪었음에도 "죽어라 공
부"한 덕에 가족의 재산을 늘려 가세를 "붐업"시켰다는 것이다. 이
렇듯 소유주들은 어려운 상황에도 굴하지 않고 스스로를 단련시
켜온 자기 역사에 자부심이 있었고, 나아가 자신들처럼 어려움을
극복하지 '못한' 쪽방 주민들을 태만하다고 탓하며 그들에 대한
은근한 멸시를 드러냈다. 그러면서 일종의 후원자를 자처하기도 했
다. 심 씨는 "쪽방 사람들 때문에라도 빨리 (민간개발이 진행)되어야
한다"고 주장하며 "더불어 살아"가기 위해 동자동대책위 측이 "많
은 부분을 희생"하고 있다고 말했다. 그러나 그들이 제시한 민간개
발안은 공공임대주택을 공급하되 도시정비법을 적용하는 것으로,
결과적으로는 용적률을 높여 이득을 확대하는 내용을 담고 있다.
그들이 말하는 희생은 결코 손해가 아닌 것이다. 손익을 따져 내린
결정을 희생으로 표현함으로써 소유주들은 의로운 후원자를 자처
하며 민간개발에의 정당성까지 확보하려 했다.

그분들 사는 방은 너무 열악해요. 집이 너무 낡아서 수리를 해도
열악해요. (…) 더불어 살아야죠. 그렇게 내려놓고 안 좋게 살고
있는데 여기(에서)까지 싹 나가면 이제 정말 살기 힘들어질 수도
있는 부분이 있고. 지금 전 세계가 사회에 기여를 하는 그런 쪽으

로 가고 있는데 우리가 나만 지키겠다, 이러는 건 아니라고 봐요. 그래서 일방적인 희생은 아닐지라도 많은 부분에서 희생을 하고 있다는 생각을 저희는 하거든요.

_ 심경주

김일원도 스스로를 주민들의 든든한 조력자로 여겼다. 지난 20년간 부동산 경매를 해온 그는 경매 과정에서 생겨난 이주자들의 금전 문제를 "인간적으로 무료로 법률 서비스 해드"렸다며 자신을 해결사로 묘사했다. 주민 돈을 찾아주기 위해 "부모"처럼 그를 "도와"준 일화도 들려주었다. 거기에는 그 자신이 빚어낸 '약자를 돕는 강자' '능력 있는 지원군'이라는 자아상이 반영되어 있었다. 역경을 극복한 경험을 강조함으로써 쪽방 주민들에 대한 낙인과 혐오를 정당화하는 한편, 대외적으로는 자신들의 너그러운 이미지를 연출해내는 것이다.

인연은 어떻게 미래에 영향을 미칠지 모르기 때문에 좋은 인연으로 맺고 싶으니 내가 도와주겠다. 돈 안 받으니 걱정하지 말라. 내 부모라 생각하고 도와주겠다. 당신이라면 부모한테 돈 받고 도와주겠냐? 부모한테는 돈 안 받아도 목숨 걸고 도와줄 거 아니냐? 내가 해주겠다. 가능한 범위 내에서 돈 내가 찾아주겠다 (했죠). 다행히도 다 잘됐어요.

_ 김일원

모든 소유주가 쪽방 주민들을 이들과 같은 시선으로 바라보는 건 아니다. 가령 여인숙을 운영하는 주미연은 2년 전 동자동에 처음 왔을 때까지만 해도 "불안하고 무서"워서 "신경정신과에서 약도 먹고 할 정도"였다. 그랬던 그가 지금은 주민들과 교류하며 동자동 쪽방촌에 자연스럽게 스며들었다. 그는 여인숙을 운영하며 쪽방 주민들에게 온정을 느낄 때가 많았다고 술회했다. "한 2년 정도 일을 해보니까 정말 인간으로서 지금은 행복감을 느껴요. 옛날에는 그렇게 행복감을 못 느꼈는데 이 사람들한테 해주고 나면 그렇게 행복감을 느껴요." 여인숙을 운영하는 이유도 단순히 돈을 벌기 위해서만은 아니라고 했다. 물론 그도 '잘난 사람'이 '힘든 그들'을 도와야 한다는 시선을 내비치며, "잘난 사람, 높은 사람은 이해를 해야지. 그 사람들은 자기가 잘났기 때문에 헛소리를 한 줄도 몰라. 하지만 낮은 사람은 상처가 되기 때문에 위로하고 조금이라도 말이라도 공손하게 하고 겸손하게 하고"라고 말하기도 했다. 하지만 그 이면은 좀더 복잡했다. 쪽방촌 주민들과의 교류는 그한테 복잡한 감정을 불러일으켰다.

우리 집(여인숙)에 22명이 있는데, 처음 왔을 때 내가 서툴 거 아니에요. 방 주는 거 자체도 서툴지 언제 줘야 되는지도 모르고 어떻게 해줘야 될지도 모르고 그러니까 이분들이 나를 도와주는 거예요. 사람은 똑같은데 누군 어디 가서 가난하게 살고…… 그거는 절대 용납 못해요. 내가 최대한으로 친절하게 해주는 걸 내 생활신조로 삼아서 이제 저 사람들한테도 그렇게 해요. 그러면 저기 길거리에 앉아 있는 사람들이 사모님, 사장님 하면서 자꾸 나를 칭찬을 해요.

_ 주미연

주 씨는 쪽방을 처음 운영할 때 겪었던 어려움을 쪽방 주민들 덕에 해결할 수 있었다고 했다. 사람은 모두 똑같기에 쪽방 주민들에게도 친절하게 대한다는 그는 그들의 열악한 주거환경이 개선되어야 한다고도 생각했다. 주민들이 동자동에서 자체적으로 형성한 돌봄 네트워크가 '살 만한' 주거지를 결정하는 중요한 조건이라는 점도 이해하고 있었다. 그는 가난한 사람일수록 서로 도와야 하기에 모여 사는 게 특히 중요하다고 말했다.

인간이 살면 얼마나 산다고 지금으로부터 저 사람들 나이로 보면 20년은 살랑가 10년은 살랑가 모르는데. 인간으로서 한 번이라도 발이라도 뻗고 자야지. 방 좁으니까 얼마나 다리 아파. 그 사람들 여기서 누워서 자고 있을 때 얼마나 죽겠을 거예요. 그러니까 개발을 하루라도 빨리 해주고. (…) 복지, 복지 하는데 복지가 뭐예요, 개발을 해줘야 복지지. 돈만 주고 사 먹으라고 하는 게 복지는 아니잖아요. (…) 가난한 사람들은 어디 가서 혼자 못 살아요. 부자는 혼자 가서 살 수 있지만, (가난한 사람들은) 모여야 사는 거야. 여기에는 도움 주는 사람이 다 있고, 교회 같은 단체도 있고.

가난한 사람일수록 모여 살면 상담소도 생기고 사랑방도 생기고 해요. 1000원짜리 밥이 (다른데) 어디 있겠어요. 가난한 사람들은 반드시 모여 살아야 해요. 이 사람들이 한두 사람이 아니기 때문에 이주시킨다는 거는 아니라는 거예요. 이주는 절대 아니죠.

_ 주미연

소유주들의 욕망과 전략

'원주민'?

비록 공공주택사업에 대한 입장은 다를지라도 많은 소유주가 '원주민 담론'을 공통적으로 전유한다. 동자동대책위 소속 한 소유주는 40년간의 동자동 거주 기간을 앞세워 원주민으로서 자신이 갖는 권리의 절대성을 표명했다. "LH에서는 특히 원주민들한테 헐값 보상을 하는 경우가 대부분"이라며 핏대를 세워가며 공공개발에 대한 거부감을 표하던 그는 "오래 산 사람 중에 (공공개발에) 찬성하는 사람 없어요. 대부분 오래 안 산 사람들이 그런 것 (찬성하는 것)"이라고 단언하기도 했다. 그는 고향인 동자동에서 평생 살았다는 점을 들어 스스로를 원주민이라고 불렀고, 공공개발에 대한 반대 의견을 피력할 때 '원주민 지위'를 적극적으로 활용했다.

우리는 소유주의 발화에서 부상하는 원주민의 의미에 주목했다. 인류학에서 원주민은 '그 지역에 본디부터 살던 사람'이라는 사전적 정의 외에 식민 지배 과정에서 정착자·제국주의자들에 의해 억압당하고 추방당한 이들을 가리키는 단어로도 쓰인다. 그렇다면 소유주들이 스스로를 지칭할 때 사용한 원주민이란 단어는 어떤 맥락에서 쓰인 걸까? 그것은 뒤늦게 들어온 쪽방 주민들의 존재를 '감수'하며 동자동에 살고 있고, 이런 이유로 개발을 통해 '정당한' 몫을 챙겨야 하는 사람을 의미한다. 이들이 원주민이라는 단어를 동원함으로써 얻고자 하는 것은 주거권이나 (원주민 서사에서 의례적으로 등장하는) 고향, 뿌리가 아닌 부동산 소유를 통해 발생하는 자산소득이다.

원주민 논쟁은 소유주들이 원주민이라는 단어의 의미를 전유하는 과정에서 삭제된 사회적 맥락을 되묻게 한다. 소유주들은 '원주민은 권리를 보호받아야 할 약자이자 선善'이라는 보편적 명제를 재산권을 요구하는 논리로 전유해낸다. 그러나 소유주들이 재산권 보장의 근거로 삼는 '장기간 거주'는 강제이주의 불안을 안고 살아가는 쪽방 주민 입장에서 볼 때 그 자체로 특권이다. 양동 쪽방 주민들의 구술을 담은 『힐튼호텔 옆 쪽방촌 이야기』를 보면, 가난한 사람들은 쪽방촌에 잠시나마 정주할 수 있게 되기까지 일감을 찾느라, 또는 복지시설, 정신병원, 범죄 브로커 등의 개입에 휘말려 끊임없이 옮겨다니느라 한곳에 정착하지 못했다. 동자동이 한국 최대 쪽방촌이라는 타이틀 아래 다양한 종류의 돌봄이 자리 잡는 공간이 됐을 때(정택진 2021), 쪽방 주민들은 일시적

소유주들이 "여기(동자동)가 고향"임을 강조하며 공공개발 반대에 원주민 서사를 동원하고 있다. 연합뉴스[1] 제공.

으로나마 물적 지원을 받고, 협동회와 사랑방 등 주민자치 커뮤니티를 바탕으로 사회적 자본을 형성할 수 있었다. 소유주들이 원주민 정체성을 내세우며 약자성을 선점하는 동안, 쪽방 주민들이 사회적 소외를 견디며 고투해온 맥락은 논의의 중심에서 밀려났다. 소유주들로부터 촉발된 원주민 논쟁의 함정을 들여다봐야 하는 이유다.

재산권 행사에 내재된 피해 서사

많은 소유주가 원주민을 자처하며 첫 번째로 요구하는 바는 재산권 보호다. 그러나 이들이 부동산투자 이익을 이해하는 방식을 살펴보면 그 목적이 재산 보전이 아닌 자산 증식에 있음을 알 수 있다. 재산권 실천의 궁극적 목적은 '보장' 너머에 있다. 부동산투자에 따른 핵심 이익은 부동산을 매수한 이후 가격이 상승한 시점에 다시 매도함으로써 얻게 되는 이익, 즉 시세차익이다. 이런 관점에서 볼 때 소유주들은 이미 부동산투자를 통한 시세차익을 획득한 셈이지만, 우리가 만난 소유주 대부분은 이에 동의하지 않았다.

> 솔직히 여기는 개발이 불가능한 지역도 아니고 도심 한복판이라 시세라는 게 엄연히 존재하는 곳이고…… 그런데 그거를 시세에 한참 못 미치는 가격에 뺏겨야 하니까 누가 거기 찬성을 하겠어요?
> _ 동자동대책위 김영걸

김 씨는 공공개발로 얻게 될 이익(공시지가)이 자신이 받아 마땅한 이익(시세)에 비해 적기 때문에 동자동 사업 방식이 부당하다고 주장했다. 공시지가가 시세 대비 낮더라도 건물을 매입한 시점과 비교하면 이익을 본 셈이었지만, 이런 계산은 그들의 셈법에 부합하지 않았다. 그는 "그렇게 생각하시면 안"된다며 "어쨌든 이건 저희 재산"이라고 일축했다. 소유주들이 획득하고자 하는 진짜 투자 이익은 시세차익을 넘어, 미래에 얻을 것으로 기대되는 이익을 상정했다.

한편 강문정은 투자 이익을 과거–현재–미래로 이어지는 시간적 추이뿐 아니라 동시간대 타지역까지 포괄하는 공간적 개념으로도 인식했다. 그는 동자동보다 위치도 안 좋고 지가도 낮았던 지역의 땅값이 개발 이후 "1.7배" 뛴 사례를 들며, 이런 이익을 얻을 수 없게 될 처지에 놓인 동자동 소유주들을 '피해자'로 간

167

주했다.

> 한남동 개발하고 어디 개발하지만 거기가 옛날에는 여기보다 훨
> 씬 쌌던 데예요. 지금 우리가 현저하게 싸지 거기보다. 그러면 토
> 지주 입장에서 얼마나 많은 피해를 봤겠어요. (…) 여기가 어떻게
> 거기보다 낮아. 당신네들은 그러면 이쪽 사람 입장에서 억울하지
> 않겠어요? 피해자는 누굴까?
> _ 서울역쪽방촌대책위 강문정

 우리는 여러 소유주의 주장에서 그들이 공통적으로 실제 손실
(-)이 아닌 기대수익에 미달하는 이익(+)을 피해로 여긴다는 사실
을 알 수 있었다. 이익을 빼앗긴 피해자가 된 그들이 말하는 피해
란 '과거 실거래가보다는 높지만 현 시세에는 못 미치는 공시지가
로 보상을 받고, 개발 이후 더욱 상승할 부동산 가치를 누리지 못
하는 것'이다. 앞서 원주민 담론을 펼쳤던 소유주들도 이러한 피
해 서사를 반복한다. 이들에게 동자동이란 삶의 터전이라기보다
는 "도심 한복판"에 위치해 "역세권에 GTX A, B 라인부터 시작
해서 지하철까지 다 들어가 있는" 이른바 금싸라기 땅이다. 이들
이 행사하고자 하는 재산권이란 재산을 강탈당하지 않고 유지할
권리라기보다는 재산을 '불릴' 권리인 것이다.
 공공개발 발표가 나고 소유주들의 반발이 거세지자, 정부는
6개월 뒤 사업 관련 안내문을 배포하면서 잠정 보상 계획을 더욱

구체적으로 명문화했다.[2] 해당 안내문의 질의응답지에 소개된 소유주들의 대표 질문 중 하나는 "토지를 공시지가에 따라 현금 청산하는 건 토지와 건물 소유주의 사유재산권을 박탈하는 것이 아닌가?"였다. 정부는 이에 대해 "건물·토지 소유자 등에게는 정당한 보상을 할 수 있도록 토지보상법에 따라 현 거래 시세 등을 고려한 감정평가 가격으로 보상"한다고 답하며 보상 방식을 구체적으로 설명했다. 하지만 이 역시 소유주들의 억울함을 말끔히 해소해주진 못했다. 재산을 불릴 권리까지 포함하는 재산권을 행사하려던 소유주들에게 정부 대책은 충분하지 않았던 것이다.

자본주의사회에서 재산을 보전하고 늘리려는 욕망 자체를 부정할 순 없다. 쪽방 문제를 공론화한 『착취도시, 서울』의 저자 이혜미도 서면 인터뷰에서 "소유주들이 그 건물을 소유하고 있는 것 자체를 문제 삼고 싶지 않았"다며 "자본주의사회에서 소유 자체를 쟁점화할 수는 없"다고 밝혔다. 우리도 소유에 대한 욕망 자체를 비판하는 것은 아니다. 하지만 실질적으로 재산을 강탈당하는 것이 아님에도 공공개발로 인한 기대수익 감소를 '빼앗김'의 감각으로 굴절시키며 피해 서사를 확산시키는 일부 소유주의 주장은 재고해볼 여지가 있다. 주미연은 소유주들의 이러한 인식을 비판했다. 그는 "600만 원에 산 땅을 800만 원에 보상할 때, 어떤 사람은 1000만 원 받을 수 있었는데 800만 원밖에 못 받았으니 나 망해버렸어, 다 빼앗아가버렸어"라고 한다며 그런 생각의 차이도 "어떻게 마음을 먹느냐에" 달려 있다고 말했다.

주 씨 또한 소유주임을 고려할 때, 공공개발로 재산권을 침해 당했다고 느끼는 정서는 그의 말대로 "개인의 소양과 마음가짐"에 달렸다고도 볼 수 있겠다. 그러나 부동산투자의 장에서 '손해를 봤다'는 인식은 이미 너무도 당연한 것이 되었다. 가령 누군가 소유한 건물의 현재 시세가 10억 원이라고 할 때, 매도를 하지 않는 이상 10억 원의 현금이 수중에 들어오는 것도 아니지만 그 가치는 이미 확보된 자본으로 여겨진다. 이렇게 재산권 침해에 대한 분노에는 투심 섞인 기대가 연관되어 있는 까닭에 그들에게 우선공급권이 주어지지 않는 한 보상의 적절성 문제도 해소되지 않는 것이다.[3] 부동산의 시장가치를 자기에게 귀속된 자본이라 여기는 한편 기대에 미달하는 이익은 손실로 인식하는 것, 이것이 바로 많은 쪽방 소유주가 (그리고 한국 사회의 수많은 투자자 시민이) 호소하는 피해의 실체다.

무엇이 공공인가

'공공' '공익'에 대한 소유주들의 시각은 흥미로운 차이를 드러낸다. 우리와의 대화에서 김일원은 "쪽방 주거민만을 위한 개발사업은 공익이 아니"라며, 공익을 "개인과 개인의 이익을 합친" 것으로 정의했다. 이러한 정의는 토지주의 이익 역시 "사익이 아니라 공익"이며, "탐욕적인 주장"이 아닌 "공익사업의 원활한 진행"을 위해 "사업 시행자가 서포트해야 하는 것"이라는 해석으로 이어진다. 사익의 합이 공익이기에 '공익의 달성'을 위해서는 자기들의 이익 역시 담보되어야 한다는 논리다. 그의 이러한 인식은 영등포 사업에서 "지주만 단합해서는 이길 수 없겠다 싶어 세입자를 단합"시키고, 더 나아가 "쪽방 주거민을 단합"시킨 행동으로 발현됐다. 그는 일종의 이해관계 조정자로서 동자동 사업에서도 "모두가 이익인" 사업안을 마련해 자신이 정의한 공익을 실현하고자 했다.

한편 심경주는 자신이 공익을 위해 쪽방 주민들을 배려하고 있다며 그들과의 상생을 강조했다. 그에게 공익이란 취약 집단의 이익을 고려해 무언가를 희생함으로써 달성되는 것인 한편, 그러한 공적 가치를 실현하는 주체는 자신을 포함해 민간개발을 추진하고자 하는 이들이다.

서울역, 대전역, 부산역 쪽방촌 정비사업에 요청된 공공성을 분석한 LH 연구원 김수진(2022)은 공공성을 세 가지로 분류한다. 그 중 하나인 '공익적 공공성'은 다수의 공통 보편적 이익보다 소외 집단의 배제를 확인하려는 방향성을 가지며, 이는 정부가 발표한 동자동 사업의 목적과 맞닿는다. '공적 공공성'은 공공 재원을 투입하는 것과 같은 공공기관의 행위성을, '절차적 공공성'은 사업 대상인 공동체 스스로 정립한 공적 가치를 민주적 절차에 의거해 추구하는 것을 말한다. 이 분류에 따르면 심 씨가 말한 공공성은 소외 집단을 위한 공익적 공공성에 가깝다. 김 씨가 생각하는 공공성은 소외 집단이 아닌 다수라는 이름 아래 정당화된 보편적 이익을 가리킨다. 선이주 선순환이 "우리 사회가 이상하게 되다 보

171

니까 쪽방 주민들을 최고 대접"한 "합리적이지 않"은 방식이라는 강문정의 분노는 공익적 공공성과 공적 공공성에 대한 거부이며, 절차적 공공성이 훼손됐다고 느낀 데 대한 울분이기도 하다. 한편 여인숙 소유주 주미연의 인식은 이들과 사뭇 달랐다.

> 지금도 공공에서 안 하면 할 수 없고 그러면 이 사람(쪽방 주민)들을 버리는 거야. (…) 민영에서 개발하자는 쪽은 자기네가 저런 집을 지어주겠다 하는데 관리를 못 하겠다는 거죠. 못하지. (…) 공공에서 하면 저런 시설을 다 넣잖아요. (…) 국가에서 포용을 안 하면 이 사업은 영원히 안 되고 여기는 개발할 수가 없어요. (…) 이익도 없지만 해결 능력이 없다는 거예요. 여기 있는 사람들을 어떻게 해결할 거야? 공공도 못한다는데.
> _ 주미연

그에게 공공성은 공공개발 시행 주체인 국가의 역할에 대한 기대를 바탕으로 하며, 민간과의 대비를 통해 정의된다. 국가엔 쪽방 주민들이 처한 상황을 해결할 수 있는 능력과 힘이 있으며, 이들을 버리지 않고 포용해 공적 가치를 실현해야 할 의무가 있다. 그에게 공익적 공공성과 공적 공공성은 중첩되는 가치다. 그가 김일원과 같은 서울역쪽방촌대책위 소속임에도 공공성을 다른 방식으로 인식하고, 나아가 공공에 동조하는 태도를 보이는 이유는 무엇일까? 앞서 언급했듯 주 씨는 재산 강탈에 대한 소유주들의 인식이 각자의 마음가짐에 따라 다르게 나타난다고 봤다. 특기할 점은 그가 이 마음가짐을 공공개발의 주체인 국가에 대한 믿음과 조응시킨다는 것이다. 그는 자기도 성인聖人이 아니라서 재산을 빼앗긴다고 하면 "안 돼요"라고 대응하겠지만 "국가가 정당한 보상을 해줄 것이기 때문에 믿는다"고 했다. 이러한 믿음은 국가가 공명정대하게 맡은 바 본분을 다해야 한다는 당위의 강조에 가깝다.

주 씨는 "투명한" 세상이기 때문에 정부가 지정한 감정평가사들이 어련히 합당한 평가를 내릴 것이라고 보았다. 이는 국가의 결정과 절차에 대한 신뢰이며, 이러한 감각은 "국가에서 내가 예상하는 보상액을 줄 것"이며 그것이 "산 가격보다 (보상액이) 떨어지지는 않을 것"이라는 확신의 바탕이 된다. 그는 "국가라는 것은 사회적인 책임을 질 의무가 있"다면서 대통령에 대해서도 "모범이 돼야 할 사람"이라고 표현했다. 그가 국가에 대해 갖는 믿음은 순전히 개인적인 특성이라기보다 (한국의 발전국가 시기를 포함해) 국민이 순민順民이기를 강요당했던 독재체제, 권위주의 사회에서 흔히 관찰되는 문화적 현상이다. 국가에 맞서 개인적 자유, 자율, 권리를 추구하는 대신 오히려 자발적 복종, 종속, 섬김의 태도를 보이는 경향은 정치적 후진성으로 해석되기도 하지만, 한편으로 '의존의 선언'(퍼거슨 2017)에 대해 국가가 책임감을 느끼고 응답해야 한다는 강한 압박이기도 하다.

요컨대 소유주들 사이에서 무엇이 공공인가라는 질문에 대한 대답은 하나로 수렴되지 않는다. 그것은 "사익과 사익이 합쳐지면 공익"이라는 식의 다수성 논리로 치환되기도, 쪽방 주민을 위한 희생으로 서사화되기도, 국가에 대한 절대적 믿음으로 마름질되기도 한다. 하지만 다양한 공공성 안에서도 집을 모두의 당연한 권리로 보는 주거권이 비집고 들어설 틈은 찾아보기 어렵다.

열악한 환경의 책임

"전세 살면 맨날 계약 기간이다, 이사 가야지, 이사 해야지, 복비 내야지……. 결혼하고 살아보면… 집의 필요성은 그냥 정말 중요한 그런 거." 집의 의미를 묻는 우리의 질문에 소유주 정영주는 이렇게 답했다. 그의 말처럼, 집에 관한 소유주들의 서사가 온전히 재산 증식의 논리로만 구성되는 것은 아니다. 우리가 만난 동자동 거주 주민 중에는 (순수 투자를 목적으로 한 매입만이 아니라) 생활비 마련과 노후 대비, 임차인으로 세 들어 살던 건물의 매입 등을 통해서 소유주가 된 이들도 있었다. 부동산 매매로 확보한 집은 개발이익을 기대할 수단임과 동시에, 가족의 안정적인 삶을 보장하는 인프라였다. 주식이나 가상화폐와 같은 비물질 자산과 달리 부동산은 장소성과 물리적 형태를 갖기 때문이다.

하지만 쪽방 건물을 실제 소유한 사람들이 투자자이자 관리자로서 세입자의 주거 안정을 위한 인프라에 얼마나 관심이 있을까? 여기서 관리란 고장 나거나 낡은 곳을 보수하고 물리적 환경을 지속해서 돌보는 행위다. 대부분의 쪽방은 위생과는 거리가 멀다. 물이 새고, 부서지고, 무너져내린 부분들이 보수되지 않은 채로 방치된다. 그간 언론은 쪽방 관리의 책임이 소유주가 아닌 쪽방 세입자들에게 전가되는 현실을 수차례 보도했다. 집주인에게 집에 물이 새니 방수 공사를 해달라고 요구했으나 무시되어 직접 도랑을 파야 했거나, 여러 주민이 힘을 합쳐 합판으로 뚫린 천장을 메운 사례도 있다. 쪽방촌에선 알아서 수리해 사는 게 흔한 일이다. 쪽방 주민이 방 안에서 죽음을 맞이했을 때 그 시신을 수습하고 "냄새 나는 방을 치우는" 사람 역시 방 관리의 최종 책임을 지는 소유주나 중간 관리인이 아니라 그와 가까이 사는 쪽방 주민들일 때가 많다(이문영 2020).

민법 제623조에 따르면 임대인은 "목적물을 임차인에게 인도하고 계약 존속 중 그 사용, 수익에 필요한 상태를 유지하게 할 의무를 부담"한다. 그러나 쪽방은 열악한 조건에도 불구하고 언제나 수요가 있기 때문에 소유주들은 낡은 건물을 수리하지 않고도 매달 수입을 챙길 수 있다. 세입자들이 수리를 요청하면 집주인들은 차라리 방을 빼라고 대응하기까지 한다. 동자동사랑방 박승민 활동가는 소유주들이 (개발을 앞두고) "어차피 허물어질 집이라 어떤 투자도 하고 싶어하지 않는다"며 싫으면 나가라는 식의 태도가 공공개발 결정 이후 더욱 거리낌 없이 표출될 것을 우려했다.

쪽방 주민들이 언론 인터뷰에서 관리 소홀에 대해 불만을 표하는데도, 소유주들은 그런 이야기를 좀처럼 꺼내지 않았다. 쪽방 관리 상태가 거주자들에게는 매일 경험하는 일상의 문제인 반면 그곳에 살지 않는 소유주들의 일상에는 큰 영향을 주지 않기 때문이다.

반면 수적으로 많진 않으나 쪽방촌에서 주민들과 일상적으로 상호작용하는 소유주들은 주민들이 호소하는 불편함에 좀더 적극적으로 반응했다. 쪽방 관리인과 동행하던 중 만난 소유주 송경섭(가명)은 시설 수리를 직접 하냐는 우리의 질문에 건물에 문제가 생기면 본인이 직접 고쳐준다고 답했고, 매일 오후 시간대 여인숙에 머물며 거주자들과 지속적으로 소통하는 주미연 역시 세입자들에게 불편한 점이 생기면 자신에게 전화하도록 한다고 말했다. 이 두 사람은 소유주의 관리 의무를 인지하고 이를 이행하려는 태도를 보였지만, 반대로 쪽방촌 인근 주상복합에 거주하는 한 소유주는 입장이 달랐다.

> 그 사람들 말이, (우리가) 세는 받으면서 뭐 이것도 안 해준다, 저것도 안 해준다 (한대요). 그거 맞아요. 왜냐하면 곧 개발될 거라 못하는 거예요. 그리고 그 사람들 집이 너무 오래돼서 수리를 해도 열악해요. 암만 수리를 해도 제대로 하지 않고서는 안 된다는 거죠. 그렇기 때문에 빨리 (개발이) 되어야 하는 거고요.

동자동 쪽방촌이 60년이나 되었다는 점을 고려할 때 "수리를 해도 열악"하다는 그의 말에도 일리가 있다. 그러나 그 말로 노후하고 열악한 환경을 방치하는 것, 심지어 '쪽방 주민들을 위해서'라는 명분까지 덧붙여 개발의 시급함을 주장하는 것이 정당화되진 않는다. "물이 새고 천장이 무너"지는 쪽방 환경은 거주민들에게 현실이자, 시급하게 해결해야 할 문제다. 그가 이런 현실을 쉽게 외면할 수 있는 것은 쪽방 주민들과 '물리적 거리두기'가 가능하기 때문이다. 건물 관리에 대한 임대인의 의무를 논할 때 소유와 자본의 논리를 비껴갈 순 없는 걸까? 주미연은 자신이 여인숙 시설을 수리하는 이유를 다음과 같이 설명했다.

> 만약에 그 사람들이 불편하면 어떻게 해요. (화장실이) 얼어버리면 돈도 돈이지만, 그 사람들 얼마나 불편하겠냐고. 화장실 못 가봐. 집 터진 사람이 많아요. 겨울 되면 구조상 그렇게 될 수밖에 없어. 터질 수밖에 없는 구조라. 집이 집다워야 안 터지죠.
> _ 주미연

그의 걱정 어린 시선이 향한 곳은 주민들의 불편함이었다. 이 책 전반에 걸쳐 우리는 그가 다른 소유주들과 구별되는 지점을 반복해서 다뤘다. 물론 '소유주가 쪽방 주민을 착취한다'는 주장을 이한 사례로 반박하긴 어렵지만, 단일하게 재현되는 소유주 집단 안에서 그의 존재는 더욱 강조될 필요가 있다. 또한 이런 예외적 인물의 존재는 쪽방 주민의 주거환경 개선이 소유주 개인의 '선의'에 의해서만 이뤄지고 있는 현 구조의 한계를 드러내기도 한다.

주미연의 입장은 집의 의미에 대한 새로운 상상을 만들어낸다는 점에서도 중요하다. 동자동에서 집은 자산, 주거 공간, 관리되

열악한 쪽방 환경을 보여주는 사진들은 언론의 실태 보도에 지속적으로 등장하고 있다. 박승민 사랑방 간사 제공.

관리인이 쪽방 복도에 붙인 경고문. 쪽방 주민 대부분은 한겨울에 난방도 되장 않는 곳에서 전기장판만으로 추위를 견디지만, 이마저도 전기세 부담을 우려하는 관리인이 시설 노후화에 따른 화재 위험을 언급하며 사용을 금지할 때가 많다. 홈리스주거팀 제공.

어야 할 물적 환경 등 다양한 형태로 등장한다. 이곳에서 우리는 집의 의미를 어떻게 재해석할 수 있을까? 주 씨는 국가에서 "공산주의처럼 딱 집을 사는live 곳 (…) 거주 개념"으로 바꾸면, "사람들이 그렇게 안 살buy" 것이라고 주장했다. 부동산시장이 안정되면 쪽방 주민들의 문제가 해결되기 쉬울 거라고도 했다. 집에 대한 새로운 상상은 여러 갈래로 뻗어 나갈 수 있다. 무엇보다 중요한 것은 집의 의미를 오로지 투자자 집단에서만 전유하는 것이 아니라, 주거권의 당사자인 여러 시민이 다양한 목소리를 내고, 그럼으로써 주거에 대한 새로운 상상을 공유하는 것이다.

참여의 비대칭성

　민주주의는 정치적 의사결정 과정에 시민 모두가 동등하게 참여할 권리를 약속한다. 하지만 현실에서 우리가 빈번히 목격하는 것은 이 권리가 기득권층에 의해 적극적으로 무기화되고 자원화된다는 점이다. 실제 공공주택사업 발표 이후 동자동 현장에서 '참여'와 '권리'를 가장 맹렬하게 실천해온 이들은 주거권을 외치는 쪽방 주민이 아닌 소유주 집단이다. 민간개발을 관철시키기 위해 동분서주하는 모습은 이들의 정치적 적극성을 여실히 보여준다. 심경주는 우리에게 동자동 사업이 발표된 지 2주 만에 의견서 338건, 탄원서 1138건을 각각 국토교통부, 서울시, 용산구청에 제출했다고 밝혔다. "단결이 너무 잘되어가지고 국토부 장관도 놀라셨고 서울시장도 놀라셨고 용산구청장도 놀라셨고 다 놀랐"다고도 덧붙였다. 이때 이들을 '자발적으로' 결집시킨 동력은 재산이 현금 청산 대상이 되는 것에 대한 억울함과 분노였다. 외국 거주 소유주가 "섬나라라 우편을 부치러 가려면 며칠 걸리는데"도 불구하고 배를 타고 나와 우편을 보내 왔다는 일화는 사업 과정에 참여하려는 소유주들의 맹렬한 의지를 보여준다.

쪽방 소유주들은 이처럼 자신들의 권리를 수호하고 재산을 지키기 위해 경제적·사회적 자본을 총동원한다. 2021년 8월 26일, 동자동대책위 측은 세종시에서 삭발 시위를 마치고 국토부와 두 시간여 미팅을 진행한 뒤 민간개발 제안서를 제출했다. 심경주는 국토부가 이를 수용하지 않는다면 자신들에게 구체적인 개발안을 내놓아야 할 거라고 말했다. 그는 노형욱 전 국토부 장관을 대면하기 위해 일주일 동안 장관의 집을 찾아가기도 했는데(4장 참조), 노 전 장관이 매일 오전 "7시 37분"에 외출한다면서 자기가 "아침마다 출근을 시켰"다는 농담을 했다.

교육 자본은 소유주들이 지식을 독점하고 협상력을 키울 수 있었던 또 다른 무기다. 이는 비단 부동산학 석사학위를 받았다는 모 소유주나 그가 천재라고 부르는―경제학 전공자로 동자동대책위에도 소속된―모 임원만의 권력이 아니다. 서울역쪽방촌대책위에 속한 어느 소유주는 통계를 전공한 자신이 LH보다 내부 규정을 더 많이 알기 때문에 협상 과정에서 유리하다고 자랑하면서, 토지주에 관한 정보는 자신과 국토부 정도밖에 모른다고 단언하기도 했다. 그들의 기세등등함에는 "9만 페이지"에 달하는 LH 내부 규정 문서를 검토하거나 통계 도구로 등기부등본을 분석해 "밸류에이션"할 수 있는 능력과 의지를 가졌다는 자부심이 비쳤다. "정보 비대칭성으로 공격"한다는 말은 소유주들이 다양한 자원을 통해 확보한 지식이 사익 쟁취의 수단으로 무기화되고 있음을 보여준다.

소유주들이 참여에 이토록 매진하는 까닭은 정보 싸움, 사안에 대한 규정과 명명, 그에 대한 대응 전략이 실제로 수행적performative 효과를 갖기 때문이다. 특정 대상에 대한 판단적 권력에 따른 지칭 자체가 "반복적이고 의례적인 행위"를 통해 그 대상을 실체화하는 방향으로 나아가는 것이다(버틀러 2008: 55). 앞서 심 씨가 끈질긴 요구를 통해 국토부와의 미팅을 성사시킨 사례를 통해 확인할 수 있듯이 정부는 실제로 이들 소유주의 목소리에 귀를 기울이고 있다.

어쨌거나 우리가 개발하거나 민간이 개발하거나 결과적으로 똑같은 결과물이 만들어지고, 주거환경 개선이라는 목표를 달성할 수 있다고 하면 사실은 싸움해가면서 할 이유가 없거든요. (⋯) 지금은 이렇게 공공개발로 가고 있지만, 다른 걸로 할 수 있다면 그걸로 다시 한번 논의를 해보자, 이렇게 얘기가 진행되고 있는 상황인 거죠.

_LH 관계자 A

소유주들은 이처럼 '의견 수렴의 과정'을 주도적으로 만들어나가고 있다. 실례로 동자동대책위는 2022년 5월 31일 국토부와 다시 만나 네 가지 민간개발안을 제시하기도 했다. 2023년 2월에는 정부의 사업 발표 2년째를 맞아 원희룡 국토부 장관이 거주하는 아파트 단지에서 공공개발을 철회해달라는 시위를 펼쳤다. "내 시체 위에 공공임대 지어라" 같은 사업 발표 직후의 구호를 외치는 것은 물론, "230일간의 피땀 시위 외면 말고 동자동 지구 지정 계획 즉각 철회하라"처럼 노력을 강조하는 현수막을 내걸었다. 국토부는 서울시·용산구와 함께 소유주 집단의 민간개발안을 계속 검토하면서 이들의 적극적인 '참여'에 응답해왔으며, 사업지구 내 토지소유자를 대상으로 주택분양권을 공급하는 제도 수정안을 국회에 발의하기도 했다(2023년 3월 현재).

지구 지정이 하염없이 미뤄지는 동안 사업 시행자와의 소통은 가용할 자원과 능력을 확보한 소유주 집단을 중심으로 이뤄지고 있으며, 이 과정에서 쪽방 주민들의 목소리는 주변화될 수밖에 없다. 사회적 자본이 적은 쪽방 주민들에게 참여는 쉽사리 추구하거나 행사할 수 있는 권리가 아니다. 주민 참여가 권력과 자원의 불평등을 은폐하는 수사로 전락한 건 아닌지 되물어야 하는 이유다.

우리는 동자동에서 소유주들을 대면하며 단일하게 묘사되는 이들의 욕망을 좀더 다층적으로 살펴보고자 했다. 다수의 언론 보도나 문헌에서 소유주들의 모습은 빈곤 비즈니스를 통해 쪽방 주민들의 고혈을 빨아먹는 투기꾼으로 그려졌다. 우리는 이런 프레임에 의문을 품고 주거권과 재산권의 대립 구도를 선험적으로 정의하기보다, 그와 같은 구도가 부상하는 과정을 소유주들의 말과 행동, 그리고 주택공급의 역사적 맥락에서 파악하려 했다. 소유주들의 욕망을 일괴암적으로 해석하고 단순히 악마화하기보다 이들의 욕망과 이익 추구 전략을 좀더 두텁게 들여다보면서 '단일한 소유주 집단'이라는 허구를 해체하고자 했다. 동자동 사업을 둘러싼 소유주들의 실천은 생존과 투기의 경계가 모호해진 우리 사회의 부동산 매매 문화를 고스란히 드러내며, 우리에게 공공의 다면성, 집과 주민의 의미, 참여와 저항의 위계를 되묻게 한다.

문해민, 반제연, 이호재, 임지현, 이채윤, 조문영, 황인선

6장 쪽방 주민들의 집 만들기

개발의 시곗바늘은 쪽방촌과 그곳 주민들을 도시문제로 가리킨다. 퀴퀴한 냄새, 담배꽁초와 술병이 나뒹구는 바닥, 쏟아지는 푸념과 욕설, 징그러운 벌레…… 쪽방촌의 빈곤을 특정 이미지로 그려내며 처리해야 할 문제로 지목하고, 그곳 주민들을 제도적으로 배려해야 할 약자로 바라볼 때, 쪽방촌은 도시문제로만 남는다. 이곳을 도시의 문제가 아닌 해법으로 재고할 가능성은 없는 걸까?

쪽방촌은 우범지역으로 곧잘 그려지지만, 공공이 해결하지 못한 주거 문제가 일시적으로나마 봉합되는 곳이기도 하다. 또 노동시장으로부터 퇴출되어 '사회적 장소 없음'을 경험하는 빈자들이 모여 자기들만의 생태계를 만들고, 집합적인 감정·기억·열망을 구성해온 장소이기도 하다. 이 말은 쪽방촌이라는 "사회적 버려짐의 공간"(정택진 2020: 2)을 그대로 내버려두어야 한다는 뜻이 아니다. 그곳에 꾸려진 상호의존의 연결망이 소외, 불안, 각자도생 같은 또 다른 '도시문제'에 대처하는 방식이기도 하다는 점에서 쪽방 주민들은 사업의 '대상'이 아닌 '주체'로서 존중받아야 한다는 의미다.

동자동 쪽방촌에는 서로 긴밀히 연결된 '동자동사랑방마을 주민협동회'와 '동자동사랑방'이라는 주민 당사자 조직이 있다. 2022년 3월 25일, 우리와 협동회 주민 활동가들의 첫 상견례 자리가 마련됐다. 본격적인 연구에 앞서 서로의 얼굴을 익히는 자리였다. 우리는 첫 만남을 다소 걱정했다. 인사는 어떻게 건네야 할지, 무슨 이야기를 꺼내야 할지, 호칭은 어떻게 정해야 할지, 하나부터 열까지 다 고민이었다. 여러 자료를 통해 협동회, 사랑방의 존재와 가치를 이미 알고 있었음에도, 쪽방촌에 대한 편견의 시선을 버리지 못한 탓이었다.

사무실에 들어서자 주민 활동가인 협동회 김정호 이사장이 우리를 반갑게 맞이했다. 쭈뼛대다 이내 두서없이 말을 쏟아낸 우리와는 사뭇 다른 모습이었다. 그는 참여자들의 발언 순서를 정해주며 어색할 수 있는 자리를 매끄럽게 이끌었다. 우리는 그와 한참 대화를 나누고 주민들의 안내에 따라 동네를 둘러보았다. 사랑방, 협동회 활동에 참여하는 주민들은 쪽방을 재화가 아닌 일상을 영위하고 이웃과 교류하는 장소로 만들고 있었다. 또 그곳의 물질적·제도적 조건 안에서 나이를 먹고 병마와 싸우고 있었다.

그날부터 외부인인 우리가 어떻게 하면 그들을 오해 없이, 동료 시민으로서 온전히 이해할 수 있을까에 대한 고민이 이어졌다.

주민이 중심이 되는 마을

협동회의 역할은 다양하다. 공제협동조합으로 시작한 협동회는 제도권 금융기관에서 대출을 받을 수 없는 일부 주민을 위해 주민들이 직접 출자한 돈을 저리低利로 빌려준다. 처음부터 순탄하지는 않았다. 주민 간의 신뢰를 쌓는 시간이 필요했다. 의심의 눈초리도 있었다. 주민들이 협동회 사무실의 유리창을 깬 적도 있었다. 하지만 사람들은 포기하지 않았다. 각고의 노력 끝에 지금 협동회는 동자동에 없어서는 안되는 조직으로 자리 잡았다. 우리가 현장연구를 하던 2022년 4월 협동회는 이미 조합원 373명, 출자금 4억 3000만 원, 상환율 92퍼센트를 자랑하는 어엿한 마을 은행으로 운영되고 있었다.

다양한 모임도 협동회와 사랑방을 중심으로 이뤄진다. 어버이 날에는 마을 어르신들께 카네이션을 달아드리며 음식을 나눠 먹고, 추석에는 인근 새꿈어린이공원에 모여 떡을 먹는다. 노래자랑이나 후원 주점도 연다. 이렇게 모인 수익금은 다시 주민을 위해 쓰인다. 쪽방촌의 모든 세입자가 주민 자치조직과 정부·교회와 연계된 지원단체를 명확히 구분하는 것은 아니나, 일단 협동회의 존

협동회·사랑방 소속 회원들이 쪽방 주민들에게 배포할 소식지를 준비 중이다.

재를 어느 정도 알게 되면 활동에 흔쾌히 동참한다. "우리 마을 일이니까. 좋은 일이니까." 협동회의 답도 늘 같았다. 협동회의 유지 비결도, 협동의 이유도, 마을의 저력도 다 '주민'에게 있다고 했다. 협동회는 말 그대로 주민의, 주민에 의한, 주민을 위한 조직이었다.

특별한 행사가 없을 때도 협동회 주민 활동가들은 무언가를 부지런히 한다. 김 이사는 사무실에서 우리와 인터뷰를 하다가도 주민이 찾아오면 벌떡 일어나 커피를 탔다. 회의에 늦게 온 주민에게 의자를 내주고 당신은 바닥에 앉기도 했다. 그만 이러는 게 아니다. 협동회에서는 언제나 주민이 먼저다. 대출사업 또한 주민 신뢰를 바탕으로 한다. 주민들에게 돈을 빌려줄 때에도 증빙을 요구하지 않는다. 대출받은 돈을 입원 치료비로 쓰든, 사기 피해 보전에 쓰든, 생계비로 쓰든 그 사용 내역을 타인에게 보고하고 정당한 용처임을 인정받지 않아도 된다.

주민을 우선하는 협동회 정신은 회의에서도 엿보인다. 회의를 마칠 때마다 이사진은 손수 작성한 '동자동 주민 지도자 공동의 약속'을 낭독한다. "주민을 잘 도와드리겠습니다." "주민의 말을 경청하겠습니다." "주민 앞에 부끄럽지 않은 지도자가 되겠습니다." 협동회는 이와 같은 약속을 그대로 실천하려고 노력한다. 주민들에게 필요한 부탄가스와 종이컵을 공동구매하고, 주민이 이사할 때면 발 벗고 나서며, 아픈 이가 있으면 병원에도 데려간다. 집마다 문을 두드리며 안부를 묻고 방 정리와 도배, 고장 난 선반 수리를 돕는다. 이들은 이렇게 서로를 주민으로 호명하며 크고 작은 일을 함께 해결해나가는 관계다.

동자동의 자랑, 협동회가 걸어온 길

올해로 창단된 지 10년을 맞은 협동회는 정부나 기업으로부터 후원을 받지 않는다. 스스로의 힘으로 굳건히 서서 주민과 함께 나아가는 것이 이곳 사람들의 원칙이다. 협동회가 지키려는 주민 자립이라는 가치의 기원은 노숙인복지와인권을실천하는사람들 (노실사) 시절로 거슬러 올라간다(문헌준 2004). 노실사는 매주 목요일 서울역, 남대문, 종각역, 종로3가역 일대에서 홈리스와 함께

동자동, 당신이 살 권리

지역 주민 봉사활동을 진행했다. 그러다 2006년에 이들은 홈리스의 실제 삶에 더욱 깊숙이 관여해야겠다고 판단했다. 그리고 활동가와 전문 교육자끼리 운영하는 시스템의 한계를 극복하기 위해 홈리스만을 모아 '한울타리'라는 이름의 홈리스 당사자 조직을 만들었다.

노실사는 한울타리가 더 원활하게 활동할 수 있도록 코넷에 교육을 의뢰했다. 코넷은 한울타리가 체계적인 주민조직으로서 운영될 수 있도록 관련 교육에 힘썼다. 얼마간 시간이 흐르고 변화의 바람이 불기 시작했다. 노실사와 한울타리를 통합하자는 목소리가 나오기 시작한 것이다. 두 단체의 통합 여부를 두고 의견이 갈렸다. 핵심 쟁점은 활동가의 개입 정도였다. 먼저 통합에 찬성한 활동가들은 활동가의 개입 없이 당사자끼리 홈리스 문제를 해결하는 데는 한계가 있다고 보았다. 그들은 활동가가 습득한 지식, 이론, 사상적 기초 위에서 운동을 조직해야 한다고 주장했다. 반면 통합에 반대한 이들은 활동가의 개입이 주민 당사자의 목소리를 약화시킬 것이라고 우려했다.

주민 목소리를 중시하는 코넷의 지향점은 한국 주민운동의 역사와도 맞닿아 있다. 2장에서 살핀 대로, 코넷은 한국 주민운동의 긴 역사를 그대로 잇는 조직이다. 한국 주민운동에는 특히 두 인물이 큰 영향을 미쳤는데, 솔 D. 앨린스키와 브라질 교육학자 파울루 프레이리다.[*] 앨린스키는 1909년 미국 시카고 빈민촌에서 태어났다. 대학에서 사회학을 공부하던 그는 사회학이 현실의 빈곤과 동떨어져 있다는 데 불만을 품었다. 그러던 중 대공황이 전 세계를 휩쓸었고, 그때부터 그는 갱단에 가입하고 일리노이 탄광 노동자들과 어울리며 현장으로 들어가기 시작했다. 그 후 주민들과 함께 지역사회를 조직하는 데 평생을 바쳤다. 프레이리도 앨린스키와 비슷한 길을 걸었다. 브라질 중산층 가정에서 태어난 그는 대공황을 겪으며 빈곤을 직접 목격한 후 민중교육에 헌신했다. 프레이리는 가난한 사람들이 자신의 생각과 감정을 말과 글로 표현하는 것이 무엇보다 중요하다고 확신하여 지역 농부들을 대상으로 교육운동을 벌였다. 이 내용을 담은 그의 저서 『페다고지』는 1970년대부터 지금까지 한국 주민운동계에서 필독서로 읽히고 있다.[1] 학생과 노동자의 직접행동이 어려웠던 군사정권 시절, 기독교·천주교 교계는 앨린스키의 사상을 직접 배우고, 프레이리의 책을 손수 번역하면서 주민운동에 앞장섰다. 그 후로 주민운동가들은 주민조직을 확산시키는 데 열과 성을 다했다(홍은광 2003). 코넷은 이 흐름을 잇는 단체로, 주민운동사에 뿌리박힌 주민조직 정신을 따라, 주민이 주체가 되는 운동을 일관되게 강조해왔다.

반면 노실사 활동가들은 주민운동보다 홈리스의 주거권운동에 방점을 찍었다. 이 역시 주민운동이 강조하는 주민조직 정신과 연

---

[1] 물론 이러한 서술은 주민운동이 태동하던 시기부터 정립된 서사는 아니며, 코넷의 활동가들이 오랜 시간을 거치면서 계보를 재구성해낸 결과다.

결되어 있긴 했으나, 활동가들은 홈리스 상태가 자본주의의 내적 모순에 기인한다는 점, 신자유주의 금융 세계화가 홈리스 문제를 악화시킨다는 점을 구조적으로 비판하고, 홈리스 상태 철폐와 대안 사회 건설을 위한 운동에 더욱 천착했다. 의견의 충돌을 빚던 두 진영은 결국 합의를 보지 못한 채 갈라졌다. 활동가 개입의 필요성을 강조하던 이들은 노실사와 한울타리를 통합해 홈리스행동을 만들었다.[2] 통합에 반대하는 이들은 흩어졌다. 동자동에서 활발히 활동하던 한울타리 소속 홈리스들은 코넷과 손을 잡았다. 한울타리 리더 이태헌과 동자동 주민 김재호가 대표 인물이었다.

이태헌과 김재호가 동자동에서의 활동에 매진키로 결심한 무렵, 동자동에는 이미 활동 중이던 사람이 있었다. 성공회 용산 나눔의집 활동가인 엄병천이다. 엄병천은 이전부터 3년 동안 동자동 주민의 일상에 스며들어 그들을 돕고 있었다. 용산에 쪽방촌이 있다는 사실을 알게 된 그는 공원 앞에 있는 쪽방을 얻어 주민들과 동고동락하며 사랑방의 기반을 마련했다. 아프면 함께 병원에 가고, 입원하면 보호자 신분으로 간호했다. 이사와 도배를 돕고, 기초생활보장 수급권 신청 절차를 함께 밟고, 경찰서에 동행하고, 강제퇴거를 저지했다.

이태헌과 김재호도 엄병천에게 힘을 보태기로 했다. 그렇게 세 사람은 힘을 모아 2007년 9월, 동자동사랑방을 만들었다. 그리고 이듬해 6월에는 사랑방을 비영리단체로 등록했다. 사랑방은 이름 그대로 주민들의 사랑방이다. 이웃과 대화를 나누며 쉬다 가는 공간이자 조직이다. 수급권 상담이나 파산 상담 등 주민들의 복지를 위해 힘쓰는 곳이기도 하다. 사랑방 활동가들은 사랑방이 주민 당사자 조직으로 시작되진 않았음을 고민하면서, 같은 동자동 주민으로서 주민들과 함께할 수 있는 일을 계속 찾아나갔다.

2009년, 이태헌은 지인의 주말농장에 놀러 갔다. 농장 주인은 바로 황현민 당시 코넷 대표였다. 이태헌을 시작으로 황현민의 주말농장에 오가는 동자동 주민들이 점차 늘어났다.[3] 동자동 주민들이 농장에 편하게 방문하게 되면서 황현민도 동자동에 자주 드나들게 됐다. 황현민은 주민들을 만나며 그들의 다양한 이야기를 듣곤 했다. 대포폰[4] 때문에 곤란했던 이야기나, 돈을 빌렸지만 갚지 못해 거리 노숙을 시작하게 된 이야기, 함께 노숙하던 이가 알코올 중독으로 목숨을 잃은 이야기 등 주민들은 저마다 다른 사연을 품은 채 살아가고 있었다.

주민들의 어려움을 지켜본 황현민과 이태헌, 김재호는 주민 스스로 동네를 바꿀 수 있는 방법을 찾아 나섰다. 주민들이 겪는 가장 큰 문제는 단연 돈과 관련된 것이었다. 동자동 주민 대부분은 신용 등급이 낮아 은행 대출은커녕 신용카드 개설조차 어려웠다. 갑작스러운 발병과 병원비 부담은 목돈이 없는 이들을 거리나 열악한 거처로 내몰았다. 몸이 아파 일을 못하니 방세가 밀려 결국 이곳저곳을 전전해야 했다. 급히 돈이 필요할 때는 이웃에게 돈을 꿔야 했다. 하지만 원금도 상환하지 못해서 싸우고 도망가는 일이 비일비재했다. 돈 문제가 이웃 관계, 건강 등 일상의 마디마디와 긴밀하게 연결되어 있었다. 황현민을 포함한 세 명이 돈 문제를 공동으로 해결할 방법을 꼭 찾아야 한다고 판단했던 이유다.

그 무렵 황현민은 전국을 돌며 주민조직 교육을 진행하고 있었다. 사랑방에서 활동하던 이태헌, 김재호와 동자동 주민 박병욱이 자활공제협동조합 조합원 워크숍에 참여해 주민조직 계획을 구상했다. 교육이 끝나고 보름쯤 지났을까. 이태헌은 황 대표에게 전화를 걸었다. 주민들 열댓 명이 모였으니 주민조직 교육을 해달라는 부탁이었다. 하지만 황 대표는 그의 부탁을 거절했다. 주민이 직접 조직을 꾸려야 한다는 판단에서였다. 결국 이태헌은 주민들 앞에서 협동조합의 필요성을 손수 교육했다. "우리 중에 은행에서 돈 빌릴 수 있는 사람 손 들어보세요." 아무도 손을 들지 않았다. "그럼 차라리 우리가 은행을 만듭시다!" 그가 소리 높여 외쳤다.

이태헌과 김재호는 그 후에도 주민들을 설득하는 데 앞장섰다. 교육도 몇 차례씩 열어 주민들을 초대했다. 그 끝에 2010년 2월 10일, 조직가와 주민 지도자 다섯이 모여 초동 모임을 시작했다. 최종 목표는 공제협동조합 설립이었다. 2010년 3월 1일 주민협동조합 추진위원회가 구성됐다. 이들은 공제협동조합 설립과 주민조직화를 위해 주민 설명회를 기획하기도 했다. 먼저 이태헌과 김재호가 사는 건물의 주민들을 초대해 사랑방 사무실에서 설명회를 진행했다. 황현민과 이태헌, 김재호가 교육의 진행을 맡았고, 코넷에서 파견된 오미옥 간사는 동자동 새꿈공원에서 새로운 주민을 꾸준히 만났으며, 엄병천은 그렇게 모은 주민들이 잘 뭉칠 수 있도록 분위기를 조성하는 역할을 했다. '하늘은 스스로 돕는 자를 돕는다'가 그날 모임의 주제였다. 황현민이 주민들에게 물었다. "마을 공동체 기조도 너무 멋있고 획기적이라 서울시에서 우리에게 5000만 원을 지원해준다고 합니다. 이 돈을 공제사업에 쓰자는 제안이 들어오면 어쩌시겠습니까?" 이에 한 주민이 답했다. "그 돈을 받아버리면 어느 미친놈이 출자하겠어요. 주는 돈이 있는데 내가 낼 이유가 없지요. 받으면 안 됩니다." 황 대표가 흐뭇하게 웃었다. "들으셨죠? 앞으로 절대 외부 지원금 안 받겠습니다."

이후 추진위원회는 출자금 마련을 위해 고물 수집도 함께하고 다양한 행사를 기획했다. 출자하는 주민의 수와 출자금도 나날이 늘었다. 2010년 11월에는 조합의 종잣돈 2000만 원 마련을 위한 주민들의 후원 주점이 열렸다. 조합원과 봉사자들이 직접 치킨, 파전, 어묵탕을 만들어 손님들을 맞았다. 주민들이 먹고 싶어 했던 메뉴를 중심으로 직접 장을 봐서 주점을 꾸렸다. 후원 주점은 처음이었던지라 재료의 양을 제대로 가늠하지 못해 장을 몇 번 더 보기도 했다. 사랑방 활동을 담은 영상도 시청하고, 풍물패 신바람의 공연으로 분위기도 띄웠다. 흥이 난 주민들은 노래방 반주에 맞춰 노래자랑을 하기도 했다. 손님 100여 명, 동자동 주민 50여 명이 주점에 들렀고 1000만 원 정도 수익을 올렸다. 수익금은 출자금에 보태는 대신 추진위원회 활동비와 주민 건강기금 조성에 보탰다. 참석자들은 이구공성으로 "다른 공제조합은 돈 가진 사람들이 만든다. 하지만 우리는 없는 사람들끼리 스스로 우

리 힘으로 출자금을 모았다. 정말 떳떳하다"라고 말했다.[5]

2011년 1월부터는 공제협동조합 창립 논의가 본격화됐다. 추진위원회는 사업 분과, 조직 분과, 정관 작성 분과로 구성된 창립총회 준비위원회로 발전했고, 이듬해 1월엔 이틀간 워크숍도 다녀왔다. '사랑방마을공제협동조합'이라는 번듯한 이름도 지었다. 마침내 같은 해 3월 19일, 창립총회가 열렸다. 초대 이사장으로는 이태헌이 선출됐다. 협동회 설립 목적도 함께 모여 제정했다. "회원의 저축성을 함양한다. 회원의 경제적·사회적 지위 향상과 삶의 질을 높인다. 함께 협동해 스스로를 돕고 나누는 공동체 정신을 실천한다." 그렇게 창립총회를 마친 뒤 조합원들은 대출사업을 시작했다. 협동회의 기본 틀이 갖춰진 것이다. 2018년 11월부터 2019년 1월까지 열린 1기 동자동 주민지도자 과정에 주민 여덟 명이 참여해 수료했다. 2020년 과정을 수료한 현 이사장 김정호는 "주민교육 받는데 숙제가 너무 많더라"며 투덜대기도 했지만 "교육을 받으니까 (협동회 일을) 안 할 수 없었다"며 웃어 보이기도 했다.

코넷은 교육이 끝나면 주민이 교육 내용을 직접 실천할 수 있도록 뒤로 한 발짝 물러난다. 코넷에서 파견한 협동회 선동수 간사는 회의마다 언제나 한 걸음 뒤에 있는다. 이사회를 진행하거나 우리가 주민들과 인터뷰할 때, 기자가 취재할 때도 선 간사는 앞에 나서지 않는다. 이사회를 이끄는 사회 역할은 쪽방 주민인 이사장의 몫이며, 외부에서 요청한 인터뷰에 답하는 일도 주민의 역할이다. 조합 이름의 기원이나 창설 이유, 조합원의 권리와 의무 등 협동회의 기본 정보를 전달하는 신규 조합원 교육 역시 이사진이 손수 맡아 진행한다. 협동회 이사 김정길과 차재설은 누락 없이 정보를 전달하기 위해 사전 연습을 하기도 했다. 연습 당시에는 화면을 보고 내용을 읽던 그들이 실제 교육 땐 어느새 애드리브까지 넣어가며 진행을 했다.

협동회 이사진은 주민조직 정신에 대해서도 꾸준히 공부한다. 이사장 김정호는 교육의 중요성을 입이 닳도록 강조했다. 그는 신규 조합원 교육에서 "교육이 안 되면 다 안 된다"고 힘주어 말했다. "교육이 돼야 내 주권을 분명히 얘기할 수 있다"면서 주민들을 설득하기도 했다. 그뿐만이 아니다. 이사회는 '10분 공부' 시간을 마련해 코넷에서 발간한 『주민운동의 힘, 조직화』의 일부를 발췌해 돌아가며 읽고, 가장 인상 깊었던 부분과 그 이유를 말하는 시간을 갖기도 했다. '10분 공부'는 2019년 10월 30일에 시작해 2022년 5월 12일을 기점으로 벌써 63회차를 맞이했다. 교육의 초점은 주민 교육 훈련이다. 이때 교육은 강사를 초빙하거나 교과서를 읽는 방식이 아닌, 모임이나 주민조직화 프로그램을 통해 주민 한 사람 한 사람을 직접 만나는 식으로 이뤄진다. 주민과 나눌 수 있는 주제에 관해 대화하고 토론하는 것도 교육인 것이다.

주민과 함께할 때는 외부의 도움을 받지 않는 것을 중요하게 여긴다. 하루는 용산지역자활센터에서 협동회에 "서로 의미 있는 일을 같이합시다. 이것저것 같이하고 싶어요"라며 연대를 제안해 왔다. 그에 대해 김정호는 단호하게 말했다. "주민이 주민에게 하는 일이면 뭐 괜찮죠. 주민 스스로 일어나게끔 하는 건 좋은데, 외부에서 자기 생각을 가지고 들어오는 건 별로예요.”

공공개발이 열어젖힌 반빈곤연대

동자동 사업이 답보 상태에 놓이면서 주민들과 그들에 연대하는 반빈곤·주거권 단체는 조속한 지구 지정을 촉구하는 기자회견과 집회를 개최했다. 연구가 한창이던 2022년 5월 11일에도 동자동 주민과 반빈곤·주거권 단체를 주축으로 한 결의대회가 열렸다. 이들은 윤석열 대통령의 임기가 시작된 이튿날, 용산 대통령 집무실 인근에 모여 ‘동자동 쪽방촌 선이주 선순환 공공주택 지구 지정 촉구 주민 결의대회’를 열었다. 우리도 집회에 참여해 피켓을 들고 함께 구호를 외쳤다. 일부 학생은 공연을 준비했다. 축제 분위기를 만들고 싶다며 협동회에서 먼저 제안한 것이었다. 주민들은 노래에 맞춰 손뼉을 치며 흥거워했다. 우리는 연대 발언도 덧붙였다. 연구자이기 이전에 학생으로서, 협동회와 함께하는 동료 시민으로서 공공개발의 필요성과 중요성을 목놓아 외쳤다. 주민들은 “투쟁!” 하고 외치며 크게 응답했다. 집회에선 인도주의실천의사협의회(인의협), 용산정비창 개발의 공공성 강화를 위한 공동대책위원회(용산정비창공대위), 민주노총서울본부, 빈곤사회연대 등 다수의 개인 및 단체가 연대 발언과 공연을 이어나갔다.

주민 결의대회는 동자동 주민의 요구가 주거권과 결합하며 확장되는 자리였고, 이어지는 연대 발언은 동사동 공공주택사업에

2022년 5월 11일 용산 대통령 집무실 인근에서 열린 집회에 동자동과 인근 쪽방 주민들, 홈리스행동을 포함한 여러 반빈곤운동 단체, 〈빈곤의 인류학〉 수강생들이 참여해 공공주택 지구 지정을 촉구하며 시위를 했다.

힘을 실어주었다. 그러나 외부 단체가 많이 참여한 이번 대회는 주민의 자립을 강조해온 협동회의 기조와 전혀 다른 성격의 행사였다. 박승민 사랑방 활동가가 사회를 맡긴 했지만 수많은 '외부인'이 대회를 이끌었다. 이날 마이크를 잡은 열두 명 중 단 네 명만이 주민 당사자였다.

아니나 다를까. 이튿날 이사회에서 비판의 목소리가 나왔다. 선동수 간사는 전날 행사에 대해 "너무 외부에 있는 분들의 말이 많지 않았"냐고 지적했다. 김정호 이사도 "주민들이 진실된 마음이야기를 하는 것이 중요"하다고 짚었다. 이에 이사진은 주민이 공공개발에 관해 직접 말할 수 있는 자리를 마련하기로 의결했다. 황현민 코넷 전 대표도 결의대회에 대한 아쉬움을 내비쳤다.

> 외부 사람이나 누군가가 진행하고 주도하면서 주민들을 도와주려고 하는 마음의 간절함은 알아요. 연대 개념으로 힘을 실어주려고. 근데 집회는 당사자가 자기 이야기를 하는 자리예요. 그 집회는 굳이 용산에 가지 않아도 되는 집회였어요. 그렇게 할 거면 동자동에서 해도 돼. (…) 주민들이 열심히 참여해서 주도적으로 할 수 있어요. 주민운동 관점에서 보면 누가 중심이냐가 매우 중요하거든요.
> _황현민 코넷 전 대표

그는 모름지기 주민운동 집회라면 "주민들이 결의하고, 열불을 내고, 행동할 수 있"어야 한다고 강조했다. 결의대회는 홈리스주거팀이 주축이 되어 기획한 사업이었다. 양동쪽방주민회, 돈의동주민협동회 등 민간개발 위기에 놓인 인근 쪽방촌 주민 모임과 홈리스행동이 함께해온 자리였다.

황 대표와 달리 홈리스행동 박재훈 활동가는 결의대회를 의미 있게 평가했다. 결의대회에 대한 상반된 평가는 '활동가의 위치성'에 대한 입장 차이에서 비롯된다. 박재훈은 빈곤 당사자와 그들의 당사자성을 강조하는 운동을 찬성하지 않는다. 당사자를 앞세운

운동만이 정도正道라고 할 수 없으며, 운동에서 활동가가 활약할 수 있는 부분을 인정하고 그들을 활용해야 한다는 것이 그의 주장이다. 코넷과 달리 그는 주민 당사자뿐 아니라 활동가와 외부인까지 연대할 수 있어야 한다고 강조했다. 그래야 훨씬 외연을 넓혀 강력한 투쟁을 할 수 있다는 이유에서다. 활동가가 개입해 '자본주의 타도' '주거권 보장' 같은 거대 요구를 함께 다뤄야 하며, 그래야 이를 매개로 더 많은 사람이 모여 힘을 만들어낼 수 있다는 논리다.

홈리스 당사자들이 생각하는 것은 주로 홈리스 복지를 강화해서 홈리스 상태를 벗어나는 거예요. 그렇다고 한다면 우리는 홈리스를 만드는 '구조'에 대해서 본다고 할까. 사실 경험했다고 해서 옳은 길로 가는 건 절대 아니거든요. (…) 경험의 당사자성이 운동의 적자適者고, 운동의 선두여야 한다는 가정은 옳지 않다고 생각해요. (…) 그리고 사실 그런 인간상이 조직과 활동가들을 철저하게 희생자 역할로 그리는데 저는 그렇게 할 수도 없고, 활동가에게도 그건 행복한 일이 아닌 거고. 자기 운동을 해야죠. 남 잘되게 하는데 자기를 갈아 넣는 방식은 사실 가능하지도 않고요.
_ 박재훈 홈리스행동 활동가

반면 운동에 있어서 활동가의 개입을 최소화해야 한다는 주장은 코넷을 중심으로 한 주민운동의 일관된 논지다. 황현민은 활동가와 당사자가 뭉쳐 조직을 만드는 일에 반대했다. 당사자의 효능감을 기르고 '할 수 있다'는 마음가짐을 심는 것이 운동의 이상적인 방향이라는 것이다. 그는 결의대회가 주민운동의 성격을 띠기를 바랐고, 박재훈 활동가는 결의대회의 중심을 '주거권' 논의에 두었다. 결의대회가 주민운동 집회라면 주민의 목소리가 더 중심이 되어야 하나, 주거권운동 집회라면 공동의 문제를 안고 있는 철거민, 쪽방 주민, 홈리스 등이 연대하는 게 중요한 것이다. 동자동 사업에 대응하는 과정에서 주민운동과 주거권운동은 교차한다. 사실 우리가 현장연구를 하는 동안 김정호 협동회 이사장은 홈리스주거팀 회의에만 들어가면 말수가 줄었다. 어떤 날은 옆방으로 사라지기도 했다. 그러나 이러한 갈등을 대립으로 치환할 수는 없다. 동자동 주민들의 삶에서 주거권운동을 떼어놓을 수 없기 때문이다. 이들은 공공개발 추진이라는 공동의 목표로 만나, 서로의 방법론을 조율하고 때로는 고수하며 연대를 지속하고 있다.

> 공공개발에 있어서 우리는 어쨌든 (협동회와) 생각이 같으니까. (…) 동자동 이슈는 가능하면 주민들이 하는 행사가 되도록 노력하는 편이에요. 그래서 주체도 다른 이슈 같았으면 '주거팀' 이렇게 했을 걸 주거팀에 속해 있는 '사랑방마을주민협동회' '동자동사랑방' '동자동공동체추진주민모임'을 따로 빼서 앞에서 사회라든지 발언이라든지 이런 걸 할 수 있으면 연대 단체는 나서지 않았거든요. 대부분 그랬어요.
> _ 박재훈 홈리스행동 활동가

어쨌든 이거는 주민들이 진짜 염원하는 일이라는 얘기예요. 학생들이 이걸 알아야 해요.

_ 김정호 협동회 이사장

운동의 이론화와 조직 방식에 대한 이견을 이유로 두 운동은 다른 길을 걷고 있지만, 참여자들이 공공개발 시행이라는 공통의 의제와 목표로 만나 연대한다는 사실은 여전하다. 기나긴 반빈곤 운동의 역사에서 현재 동자동은 주민이 의제를 발굴하고 스스로 조직해서 문제를 해결하는 코넷의 노선과, 활동가가 주축이 되어 의제를 정하고 당사자는 물론 다양한 단체와 연대하는 홈리스행동의 노선이 합류하는 지점이다. 사랑방 대표 윤용주는 인의협 관계자의 연대 발언을 듣고 새로 알게 된 사실이 있다고 했다.

생활하면서는 몰랐는데, 낙후되어 있는 곳에서 생활하다 보면 건강이 나빠질 수 있다는 걸 깨달았어요. 국민의 건강을 위해 주거환경이 개선되어야 한다는 데 공감하게 됐습니다.

_ 윤용주 동자동사랑방 대표

주민들은 여러 시민단체와 연대하는 과정에서 자신이 겪는 문제가 주거권이라는 보편적 권리와 연결된다는 사실을 배웠다. 이제 그들은 공공개발의 무대에서 자기 경험을 말할 뿐 아니라 권리도 적극적으로 주장하고 있다. 코넷의 주민운동 정신이 녹아 있는 협동회는 홈리스행동과 결합하여 더 강하고 너른 방향으로 힘을 키우는 중이다. 서로 엇갈리던 두 노선의 만남은 동자동에 갈등과 마찰을 넘어 새로운 배움과 기회를 만들어내고 있다.

'함께'의 실천

주민들이야말로 우리 이 동자동의 꽃이에요, 꽃. 우리 이 사랑방 마을주민협동회가 아니고.
_ 김정호 협동회 이사장

대출사업에서 시작한 협동회는 현재 사랑방과 함께 다양한 사업과 행사를 진행하고 있다. 사업은 일상적인 돌봄과 협동에서부터 마을 행사에 이르기까지 그 범위가 다양하다. 이를테면 협동회는 생필품을 공동구매한다. 부엌이 없는 쪽방 구조상 주민들은 주로 방에서 가스버너를 사용한다. 라면 하나를 끓일 때도 혹여나 불이라도 날까 가슴을 졸여야 한다. 화재의 위험을 모르는 건 아니지만 끼니를 챙기기 위해서는 어쩔 수 없다. 정수 시설도 공용이라 컵이 필요하다. 그래서 협동회는 부탄가스와 종이컵을 공동구매한다. 2022년 기준 부탄가스 네 개들이 한 줄은 3500원, 종이컵 두 줄은 1000원으로, 모두 시가보다 저렴하다. 이처럼 협동회 사업은 주민의 삶과 긴밀히 맞닿아 있다.

주민들은 마을 청소를 통해서도 '집'을 일구고 가꾼다. 주민들은 매월 둘째, 넷째 주 토요일 오전 10시에 모여 동네를 청소한다. 협동회 사무실에서 출발해 새꿈공원을 중심으로 동네를 한 바퀴 돈다. 주민 20여 명이 노란색 사랑방 조끼를 입고 버려진 쓰레기를 줍는다. 30분에서 한 시간 남짓 마을을 돌고 나면 대형 쓰레기봉투 여덟아홉 개가 거뜬히 찬다. 코로나19로 한동안 중단됐던 마을 청소가 2022년 5월 14일 재개됐다. 우리를 포함해 약 스무 명이 노랑 조끼를 입고 빗자루와 쓰레받기를 든 채 구석구석 돌아다녔다. 주민 다수가 지방선거 투개표 참관인으로 가 있던 터라 인원이 많진 않았지만 오랜만에 하는 마을 청소여서인지 다들 힘이 넘쳤다. 동네를 꽤 크게 돌았는데도 한 시간이 채 걸리지 않았다. 마을 청소는 2022년 100회차를 넘겼다. "동자동 주민의 힘! 소중한 협동의 경험!"이라고 쓰인 현수막도 있다. 마을 청소가 갖는 가치를 주민들은 체감하고 있었다. 겉으론 귀찮아했지만 다들 사명감에 차 있었다. 개인 사정으로 참여하지 못해 미안하다고, 다음에는 꼭 같이하겠다며 음료수를 사 오는 주민도 있었다.

2022년 봄 동자동을 방문한 우리는 그해 5월 8일 어버이날을 주민들과 함께 맞았다. 주민들은 서로 꽃도 달아주고 음식도 나눠 먹는 마을 행사야말로 "동자동의 자랑스러운 전통"이라고 상찬했다. 사실 당시 어버이날 행사는 코로나19로 인해 개최 여부조차 불투명했다. 방역 기준이 전보다 완화되긴 했지만, 실외 마스크 제한이 풀린 지 일주일도 지나지 않은 시점이었다. 아직은

2022년 제11회 어버이날 행사 현수막. 현수막에 어떤 내용을 넣을지는 쪽방 주민 활동가들이 직접 토의를 거쳐 정한다.

여럿이 모여 음식을 먹는 건 위험하다는 주장이 제기됐다. 협동회는 관련해서 주민들의 의견을 모으기 시작했다. 안전문제로 행사 참석을 망설이는 사람도 있었지만, 전염병으로 조용했던 동네에 다시 활기를 불어넣으려면 행사가 꼭 필요하다는 의견이 더 많았다. 어버이날 행사는 그렇게 열렸다. 협동회는 사무실에 기부금 모금함을 설치했고, 그곳에 방문하는 일반 주민들에게 행사 재개를 알리며 기부를 독려했다. 주민 총 114명이 십시일반 참여해 128만8100원을 모았다. 행사에 쓰일 꽃 약 300송이를 주민들이 직접 뜨개질했다. 떡과 음료의 종류와 개수부터 거기 붙일 스티커, 현수막 문구, 행사 시간과 장소, 행사 당일 일정, 동네를 순회할 팀 구성까지 행사 전반에 관한 모든 사항을 주민 논의로 결정했다. 주민들은 떡에 붙일 스티커 문구를 정할 때 가장 적극적이었다. '어버이날 축하드립니다'를 제안하자 누군가 식상하다고 한마디했다. 이사장은 서로 의견을 나눌 때 "뭐라 하지 말라"며 제지했다. 모든 참석자가 돌아가며 의견을 말했고, 그중 '건강하세요'가 채택됐다.

이사진은 행사를 위해 폐지와 공병을 모아 팔기도 했다. 모금함을 들고 근처 식당을 돌아다니기도 했다. 동자동에 위치한 식당과 약국에서 흔쾌히 돈을 내줬다. 그렇게 모은 돈으로 협동회는 주민들에게 돼지고기와 국수를 대접했고, 카네이션도 달아줬다. "협동조합이 좋은 일도 한다" "다시 보게 됐다"는 칭찬이 나왔다. 주민 조합원들은 행사를 직접 기획하고 실행하는 과정에서 자신이 마을을 위해 일한다는 보람을 느낀다고 술회했다. 손수 준비한 행사를 주민들이 좋아해주니, 동네에 대한 소속감은 물론 자신에 대한 효능감도 얻었다고 했다. 어버이날 행사는 처음부터 끝까지 주민이 꾸린 주민을 위한 행사였다. 어버이날 행사는 이제 주민들의 자랑거리가 됐다. "이 좋은 걸 어떻게 1년을 더 기다리지?" 하는 주민도 생겼다. 협동회 내부에서도 자력으로 행사를 치러냈기에 더욱 뜻깊다는 평가가 나왔다.

쪽방 주민들은 동자동에 오기까지 수많은 좌절과 박탈을 경험했을 것이다. 누군가는 어린시절 가족과 헤어져야 했고, 누군가는 경제위기의 직격타를 맞았고, 누군가는 불법 강제노역의 피해자였다. 이민정(가명) 사랑방 전 활동가는 주민들의 가슴에 켜켜이 맺힌 삶의 상처를 이렇게 설명했다.

동자동 주민들은 생애적 차별과 빈곤이라는 한계를 몸소 겪고 살아가고 계십니다. 병으로 외로움으로 고통을 안고 사는 한계, 술에 의지해도 고통과 억울함과 마음의 병을 다 호소해낼 수 없는 한계, 고립에 지쳐 수명을 다하지 못하는 한계, 열악한 쪽방에서 당장 벗어날 수 없는 한계, 더 나은 삶을 먼저 가신 분들과 함께 하길 기대할 수 없는 한계……

_ 이민정 사랑방 전 활동가

주민들은 치유되지 못한 아픔을 계속 간직한 채 살고 있다. 우리가 만난 몇몇 주민도 살면서 하도 덴 데가 많아 다른 주민을 못 믿겠다고 털어놨다. 그럼에도 불구하고 많은 주민은 서로의 삶과 죽음을 보듬고, 힘을 합쳐 마을을 가꿨다. 어떻게 이런 일이 가능했을까? 김정호 이사장은 간단히 답했다.

모든 사람은 다릅니다. 그러니까 각자 잘할 수 있는 일을 하면 돼요. 자신들의 틀을 가지고 그 안에 주민을 끼워 맞추려고 하는 다른 단체들하고는 그 점에서 다른 겁니다. 어떤 보기 좋은 그림을 만들기 위한 목적이 아니라, 주민들의 욕구나 주민들의 필요에 맞취서 함께 일할 수 있게 하는 거예요.

_ 김정호 협동회 이사장

그의 말대로 주민들은 각자의 자리에서 자기가 할 수 있는 일을 한다. 주민들은 추석 행사 음식을 준비할 때도 사랑방에서 운영하는 '식도락'에 모여 작은 역할을 서로 나눴다. 누군가는 재료를 다듬고, 누군가는 요리를 하고, 누군가는 설거지를 하고, 누군가는 심부름을 했다. 나이가 많거나 장애가 있거나 경험이 부족하면 일에 서투를 수도 있다. 그럴 때면 좀더 어린 사람, 좀더 건강한 사람, 좀더 능숙한 사람이 도움을 준다. 그래도 부족하다면 그냥 부족한 대로 한다. 그래도 된다.

물론 모든 과정이 언제나 순탄하지는 않다. 지나온 삶과 갖고 있는 생각이 서로 다른 이들이 모이면 사사건건 부딪칠 수밖에 없다. 국에 미원을 넣네 마네로 싸우고, 사진 속 인물의 호칭을 제대로 불렀네 안 불렀네로 다툰다. 하지만 그것도 잠깐이다. 화가 아직 안 풀리고 상대가 여전히 밉더라도 그냥 만난다. 어차피 동네에서 계속 봐야 할 사람이니까. 그래서 그들은 피하는 대신 열심히 싸운다. 그리고 이내 다시 만난다.

하나도 안 싸우고 순 성장만 한다는 건, 그건 모순이에요. 이게 싸우는 거라기보다는 서로 생각이 다르니까 부딪치기도 하고 그러는 거지. 그게 그래야 또 맛이 나.

취약한 이들의 돌봄

쪽방 주민들이 소중하게 여기는 '주민 참여'란 어떤 의미일까? 재산을 지키기 위한 소유주들의 단합과 어떻게 다를까? 쪽방 주민들이 참여하는 무연고 장례는 이런 물음에 중요한 시사점을 제공한다.

동자동 주민 대부분은 혈연가족과 떨어져 산다. 어린시절 갈라진 이들도 있고, 특별한 사정으로 연락이 끊긴 이들도 있다. 사망 후 시신을 인수할 법적 가족이 없는 주민은 무연고자로 등록돼 무연고 장례를 치르게 된다. 2022년 4월 17일, 우리는 주민 고 김은섭(가명)의 무연고 장례에 동행했다. 이사장 김정호, 이사 김정길, 주민 조인형 등이 빈소를 찾았다. "죽어도 걱정 돼." 유가족 대기실에서 화장을 기다리는데 조 씨가 슬쩍 입을 뗐다. 그러자 김정길이 웃으며 그 말을 받았다. "우리가 다 알아서 해줄 겁니다." 다들 약속이나 한 듯 신경 쓰지 말라며 조 씨를 다독였다. 그들은 제일 잘 나온 사진으로 영정도 마련하고 리무진도 예약해서 "마지막 가는 길은 최고 멋쟁이"로 만들어주겠다며 너스레를 떨었다. 그 말에 조 씨의 얼굴이 밝아졌다. 다 알아서 하겠다는 말은 그냥 하는 말이 아니다. 동자동 주민들의 무연고 상례는 쓸쓸하지 않다. 동네 주민이 사망하면 이웃 주민이 다 함께 봉고차를 타고 서울시립승화원으로 가 고인을 배웅한다. 사단법인 '나눔과나눔'이 서울시립승화원에서 공영장례를 집행하면 주민들은 옆에서 운구와 분골을 돕는다. 피로 맺어진 가족은 없어도 시간이 맺어준 이웃이 고인의 마지막 길에 함께한다.

주민들의 장례가 절차를 갖추게 된 지는 얼마 되지 않았다. 예전에는 제도가 부실해 망자에 대한 기본적인 예우도 할 수 없었다. 장례지도사가 와서 시신 서너 구를 일반 승용차에 쌓아 가져갈 뿐이었다. 그렇게 실려 간 시신은 운구 절차도 없이 곧바로 카트에 실린 뒤 공용 유골함에 들어갔다. 그런 뒤 다른 유골과 뒤섞여 '잡탕'(정택진 2021)이 되어버렸다. 참다못한 주민들은 항의에 나섰다. "수의라도 입혀주고 관이라도 닫아 예의를 지켜"달라고 외쳤다. 주민들이 목소리를 낼 수밖에 없는 상황이었다. 한동안은 자체 장례를 치렀다. 공원이나 식도락에 천막으로 임시 분향소를 설치해 조문할 수 있게 했다. 마을 장례 통장도 만들었다. 주민들의 이 같은 목소리가 반영되어 서울시는 2018년 5월부터 공영 장례 지원을 시작했다. 그러나 고인을 충분히 애도하기에는 역부족이었다. 서울시 조례로 지원되는 장례 지원비는 40만 원에 불과했고, 빈소는커녕 운구차도 마련되지 않았다. 장례 대상자도 미성년자와 장애인으로 한정돼 있었다. 동자동엔 대상자가 거의 없었다. 주민들은 다시 한번 목소리를 냈다. 이후 서울시는 전국 최초로 장례비를 75만 원 이상 지원하고 그 대상자를 기초생활수급자로

2022년 4월 17일 서울시립승화원 분향소에서 진행된 동자동 주민의 공영장례. 장례를 준비한 주민들로부터 공영장례의 진행 방식을 듣고, 유택동산에서 유골을 뿌리는 절차까지 함께했다.

까지 확대했다. 게다가 2022년엔 장사법이 개정되어 당해 하반기부터는 국가에서도 공영장례를 지원하게 되었다.

　기존의 무연고 장례 제도는 철저히 혈연가족을 중심으로 구성되어 있었다. 장사 등에 관한 법률 제2조 16항에 따르면 가족 이외의 연고자는 전체 연고자의 최하순위다. 그 위 순서는 모두 혈연가족이다. 기존의 가혹한 무연고 장례 제도도 여기에서 비롯된 것이었다. 유가족이 없는 주민들은 원래대로라면 혼자 죽고 혼자 떠나야 했다. 하지만 몇몇 주민이 이러한 관행에 반발했고, 끈질긴 문제제기로 제도를 바꿔냈다. '가족 같은' 관계를 새롭게 형성하면서 동시에 기존 제도에 균열을 냈다. 덕분에 동자동에서 망자는 더는 쓸쓸히 떠나지 않게 됐다. 무연고 사망자로 규정됐다 해도 김은섭은 사실상 연고자다. 그의 곁에는 서로를 돌보는 이웃이 있기 때문이다. 그는 연고 있는 무연고자다(정택진 2021).

> 최고로 더운 날, 작년 7월 일인데 한여름에 30도 되던 때였어요.
> 돌아가시면 주민들이 방을 치우는 경우가 있거든요. (…) 구청에
> 민원이 들어왔는데 자기네들 일이 아니라고 안 간 거죠, 건물 주
> 인이 해야 한다면서. 그런데 건물 주인은 또 두 손 놓고 있고. 시
> 체가 썩으면 냄새가 나요. 벌레도 생기고. 결국 우리가 했지.
> _ 김정길 협동회 이사

쪽방 주민들은 구청이나 건물주조차도 책임지지 않는 무연고 장례를 도맡아 한다. 선동수 협동회 간사는 "(쪽방) 주민이 조의 봉투에 3만 원을 넣어준 게 기억에 남"는다고 했다. "누구에게 주머니를 여는 분이 절대 아니었"던 주민이 고인에게 애도를 표한 것이었다. 그는 "협동회를 중심으로 그분의 본모습이, 진심이 드러날수 있어 좋았"다고 했다. 이에 김정호 이사장은 빠듯한 형편에도 부의금을 건네 "예의를 표하는 이 모습"이 "약자들"의 "진정한 모습"이자 쪽방 주민들 간의 "소통"이라고 덧붙였다. "마을 장례 통장"으로 몇 년째 무연고 장례식에 필요한 식비와 교통비를 충당해왔다는 이들의 이야기는 쪽방촌이라는 사회적 버려짐의 공간이

애도와 주민 참여의 장소로 다시 태어나는 순간을 증언한다.

> 주민의 소통 창구죠. 말은 안 하더라도 마음에서 오고 가는 소통
> 인 거죠. (…) 예의를 표하는 이 모습이 진정한 모습이거든요. 살
> 기 위해 길들여져 있는 약자들은 말을 안 할 뿐이지 본모습을 가
> 지고 있는 거죠.
> _ 김정호 협동회 이사장

그러나 이러한 협동회 활동을 마냥 밝게만 그릴 순 없다. 동자
동에 들어간 지 한 달이나 지났을까. 걱정이 생겨났다. 옆에서 보
는 협동회가 위태로워 보였기 때문이었다. 당장 김정호 이사장도
병마와 싸우고 있었다. 그는 "몸이 아파서 자꾸 눈물이 나"온다고
했다. 주민들이 협동회 일을 잘 따라주지 않아 "집에 가서 울 때
도 있"단다. 그렇게 며칠씩 후유증이 지속되기도 했다. 그래도 "주
민을 생각해서 살려고 온 거니까 사명감으로" 버티고 있다. 다른
이사진도 마찬가지다. 주민을 돌보는 일에는 언제나 갈등이 존재
한다. 이 때문에 사무실에서 이사들끼리 언성 높여 싸운 적도 있
다. 일부 주민들이 돌봄의 부담을 너무 많이 떠안다 보니 결국 협
동회가 취약해지는 건 아닌가, 걱정이 됐다.

협동회가 현 상황을 간신히 버틴다 해도 문제는 계속될 터였다.
우리가 한창 현장연구를 하던 무렵 협동회 임원들은 후임 문제로
고민이 많았다. 이사와 이사장은 임기 2년의 선출직이다. 연임 1회

가 가능하나 그래봤자 4년이 최장 임기다. 협동회를 책임질 새로운 이사진이 필요한 것이다. 하지만 권한보다 책임이 많은 자리인지라 자원하는 사람이 별로 없다. 창립 멤버이자 부이사장인 양정애 씨만이 협동회에 계속 남아 있다. 주민 모두 몸과 마음이 아파 선뜻 나서지 않는다. 역시나 고령에 몸까지 성치 않은 현 이사진이 언제까지 협동회를 지킬 수 있을지도 미지수다. 공공개발을 철회하려는 집단과의 싸움에 더해 조직의 지속가능성과도 싸워야 하는 상황인 것이다.

쪽방에 산다는 것

"쪽방에서 사는 건 어떠세요?"라고 물었을 때, 주민들의 대답은 한결같았다. 공간은 비좁고 답답하며, 시도 때도 없이 온 건물을 돌아다니는 바퀴벌레와 쥐 때문에 못 살겠다는 것. 또 이곳에 온 사람들이 대개 아프고, 외롭게 죽는다는 것. 그들은 "사는 게 사는 게 아니"며, "이건 집이 아니"라고 했다.

그럼 주민들은 어떤 집을 원할까? 일단 친구를 집에 초대하고, 취미도 즐기려면 방이 적어도 한 칸은 더 있어야 한다. 불편한 공용 화장실 대신 수세식 변기와 세면대가 딸린 개인 화장실도 필요하다. 음식을 조리할 싱크대도 있어야 한다. 간단한 요리를 하려 해도 늘 화재를 염려해야 하고, 툭하면 벽이 그을려버리는 지금의 상황을 벗어나려면 말이다. 볕 드는 창문도 필요하다. 주민들은 집에 햇빛이 안 들면 자꾸 우울한 생각만 하게 된다고 털어놓았다. 단지 형태로 공공개발을 할 거라면, 운동시설과 의료시설도 내부에 들이자는 의견도 나왔다. 사랑방 역할을 할 수 있는 휴게실도 필수다. 주민들이 답답할 때 모여 차 한잔 나눌 공간이 없다면 "누가 죽어나가도 모르"기 때문이다. 그들이 원하는 집은 홀로 있어도 쾌적한 집, 그리고 타인과 관계 맺을 수 있는 집이다.

집은 건물 형태의 가옥house과 삶의 터전을 의미하는 보금자리home를 모두 포함하는 개념이다(Samanani and Lenhard 2019). 협동회와 사랑방 활동을 오래 해온 주민들은 쪽방촌을 소통하고, 가꾸고, 잔치를 열고, 서로의 안부를 묻는 공간으로 꾸려왔다. 그렇다고 쪽방이라는 물리적 환경이 보금자리의 역할을 하기에 충분한 것은 아니다. 대부분 지은 지 60년이 넘은 낡은 건물에 30명, 많게는 50명이 산다. 부엌이나 화장실을 공용으로 사용해야 하는데, 그마저도 층마다 한두 개 남짓이다. 앞 사람이 볼일을 보고 있으면 씻으려던 나물을 손에 들고 한참을 기다려야 한다. 소유주들이 더 많은 세입자를 들이기 위해 쪼개고 쪼갠 비좁은 방에서는 손님을 초대하기는커녕 제대로 발 뻗고 눕기조차 어렵다. 창문은 없고, 있더라도 건물에 가로막혀 있어 햇빛이 잘 들지 않는다. 밤이면 쥐 뛰어다니는 소리가 요란하다. 쥐를 잡다 물리는 일도 다반사다.

열악한 쪽방의 물리적 조건은 기후재난에 더욱 취약하다. 여름엔 덥고 겨울엔 추운 곳이 쪽방이다. 특히 여름의 쪽방촌 실내 온도는 서울시 여름철 실내 권고 온도보다 평균 5도 이상 높다. 일 평균 기온이 27도에 육박하던 늦봄의 어느 날, 동자동을 찾은 우리는 쪽방에 들어서기 전부터 땀을 삘삘 흘렸다. 햇빛을 피해 서둘러 건물 안으로 들어갔지만 내부는 더 후덥지근했다. 마스크를 긴 채로 주민과 30분간 대화하던 우리는 더는 더위를 견디지 못하고 협동회 사무실로 이동했다. 사무실 앞 간이의자에는 김정호 이사장이 앉아 쉬고 있었다. 덥지 않으시냐고 묻자 그는 태연하게 웃으며 답했다. "에이, 산전수전 다 겪으면서 살았는데 뭐 이 정도 가지고⋯⋯."

쪽방에 들어오기 전부터 거리 노숙, 반지하, 허름한 여인숙 등지를 전전하던 주민들에게 폭염과 혹한은 일상이다. 그들의 일상은 재난과 맞닿아 있다(강준모 2020). '재난'이란 명명으로, 우리는 쓰나미, 태풍, 원전 사고처럼 대규모의, 일시적인 사건만을 떠올리곤 한다. 하지만 동자동에서의 재난은 거대한 파도처럼 밀려드는 게 아니다. 일상이 된 재난은 쪽방이라는 물리적 구조에서 스멀스멀 뿜어져 나와 주민들의 삶과 생각, 몸과 마음에 천천히 차곡차곡 쌓인다. 환경학자 롭 닉슨(2011)은 이를 '느린 폭력slow violence'이라고 불렀다. 기후재난은 취약한 사람들한테 서서히 다가와 일상의 형태로 자리 잡은 뒤, 어느 순간 커다란 재난으로 증폭된다. 동자동에서 폭염이나 혹한에 따른 대규모 인명 피해는 없었지만, 이미 둥지를 튼 느린 폭력은 반복되는 일상의 형태로 주민들의 삶을 마모시키고 있다.

이런 열악한 환경에도 불구하고 집세는 터무니없이 높다. 현재 동자동 쪽방의 평균 월세는 32만 원이다. 방 한 칸이 두 평 남짓이니 평당 월세가 16만 원인 셈이다. 서울 전체 아파트의 평균 평당 월세인 3만 9400원보다 네 배나 더 높다(이혜미 2020). 더군다나 기초생활보장 주거급여가 오르면 월세도 따라 오른다. 그런데도 주민들은 "그 가치도 안 되는" 집세를 꼬박꼬박 낸다. 방세가 한 달이라도 밀리면 바로 쫓겨나기 때문이다. 열악한 주거환경은 주민들의 몸을 관통한다. 건강세상네트워크가 2012년 실시한 '서울시 동자동 건강권 실태조사'에 따르면 주민의 76퍼센트는 구강 상태가 불량하고, 52퍼센트는 영양 상태가 좋지 않다. 또 61.5퍼센트가 자살을 생각한 적이 있고, 그중 약 3분의 1은 실제로 행동에 옮긴 적이 있다(김창엽 외 2012). 최혜성(가명) 인의협 대표는 주거 형태를 바꾸지 않는 한 건강 문제를 해결할 수 없다고 단언한다. 취사 시설이 부실하니 끼니도 부실하고, 화장실이 열악하니 소화기 질환이 악화되고, 몸을 뻗기 힘드니 근골격계에 무리가 간다. 최혜성 대표가 동자동에서 의료봉사한 지 2년이 넘었지만, 건강이 좋아진 주민은 극소수다. 그는 특히 외로움이 주민들의 건강 상태에 심각한 영향을 미친다고 말한다. "술이랑 담배도 갈 때마다 하면 안 된다고 말씀드려요. 그런데 처지가 달라지지 않으니까, 위안을 주는 술과 담배를 끊을 수 없는 거예요."

혼자 눕기에도 비좁은 쪽방에 이웃이나 손님을 초대하기란 불가능하다. 어둡고 더러운 방에 고립되어 있다 보면 부정적인 생각이 들기에 온종일 텔레비전만 보거나 차라리 술을 마신다.

> 방이 냄새나고 지저분하니까, 누가 들어와서 이렇게 인터뷰하자고 그래도 싫다 그리고 많이들 꺼리지. (…) 좁은 데 있으면 마음도 좁아지게 마련이야. 책도 큰 책으로 보면 글씨가 크게 들어오잖아. 작은 글씨를 보려고 그러면은 안경 쓰고 뭐 하고 막 이래야 보잖아.
>
> _ 동자동 주민 한종석(가명)

확장되는 집의 의미

그렇다면 주민들에게 진정으로 필요한 '집'이란 어떤 장소일까? 단지 지금 사는 쪽방보다 좀더 넓고 깨끗한 공간이면 되는 걸까? 햇빛이 드는 창과 요리할 주방이 있으면 충분한 걸까? 공공개발이 보장하려는 주거권의 의미에 대해 다시 질문해봐야 하는 이유다. 동자동 쪽방촌에 관한 문화기술지에서 정택진(2020)은 쪽방촌에 거주하는 한 여성이 언니의 돌봄을 받을 수 있는 주택(물적 공간)을 뒤로하고 동자동에 머물기로 선택한 것은 삶의 온전함을 획득하기 위해서였다고 이야기한다. 자신을 안전하게 돌봐주는 혈연가족의 집에 머물 때는 자기표현이 어렵지만, 쪽방에서의 관계는 그것이 때로 파괴적일지라도 생각과 욕망을 마음껏 표현할 수 있다는 것이다. 아프고 외로운 쪽방 생활을 견디며 그곳을 보금자리로 만들 수 있던 데는 이웃의 존재가 컸다. 이웃과 함께할 수 있기에 주민들은 그래도 숨통이 트인다고 말한다. 그래서 주민들은 정부의 주택매입사업을 통해 더 나은 환경의 임대주택으로 운 좋게 옮겨 가더라도 이내 외로움에 못 이겨 돌아온다. "말다툼하고 밉더라도 이야기할 사람이 있"는 동자동으로.

가봤자 집이 썰렁하잖아. 갔다 또 와. 외로워서 못 살겠다고. 집만 좋은 건 필요 없어요. (…) 임대아파트 받아 밖에 나가면 수급자라고 무시받아. 여기선 커피도 먹고 대화도 하는데 다른 곳은 쓸쓸해져, 가면. 그래서 많이 돌아오죠.
_ 백광헌 동자동공공주택사업추진주민모임 부위원장

여기가 그래도 와서 있다 보면 정이 들어요. 미운 사람, 좋은 사람도 있고 대화가 된단 말이지. 딴 데 못 있어.
_ 김영국 동자동공공주택사업추진주민모임 위원장

우리는 동자동에 방문할 때마다 골목에 나와 앉아 있는 주민들을 만날 수 있었다. 쪽방이 막지 못하는 폭염을 피하려면, 또 다른 사람을 만나 외로움을 달래려면, 일단 쪽방 밖으로 나와야 했다.
사랑방과 협동회 사무실은 이웃 주민을 만나고 싶을 때 편히 찾을 수 있는 곳이다. 방문한 주민에게 이사진은 믹스커피 한 잔을 내주고, 커피를 받아든 주민은 사무실 앞 골목 간이의자에 앉아 이웃들과 시시콜콜한 이야기를 나누며 바람도 쐬고 담배도 피운다. 부탄가스를 사거나 모기약 같은 생필품을 빌리기 위해 사무실을 방문하기도 하지만, 대부분은 그냥 사람을 만나려고 들른다. 그들은 쪽방 상담소에서 물품을 나눠줄 때 줄을 너무 길게 선다고 불평하고, 친한 이웃과 시시껄렁한 농담을 하고, 과자를 나눠 먹으며 함께 시간을 보낸다. 종신서원을 하기에 앞서 사랑방에서 3개월간 함께 활동한 한 수녀님은 주민들이 차에 주유하듯 주기적으로 찾는 사무실이 꼭 "정비소" 같다며 웃었다. 양정애 협동회 부이사장과 김영자 이사의 말마따나 사무실은 주민들의 "공동의 집"이다.

여느 때처럼 동자동을 찾은 어느 날, 새꿈공원 근처 골목길에서 양정애 부이사장이 여성 주민 세 명과 함께 앉아 새 옷이 누구한테 어울리냐며 신나게 수다를 떨고 있었다. 돗자리를 깔고 앉아 음식을 나눠 먹는 주민들도 있었다. 골목을 따라가다 보면 나오는 새꿈공원에도 다수의 주민이 모여 있다. 이곳에는 사무실이나 그 앞 골목길보다 훨씬 많은 주민이 옹기종기 앉아 있다. 무릎이 아파서 방 밖으로 나온 이도 있고, 방 안이 답답해 바깥 공기를 쐬러 나온 주민도 있다. 주민들은 "새꿈공원이 없었으면 우리가 모이는 게 불가능했을 것"이라며 입을 모았다.

협동회 사무실이나 쪽방 골목길, 새꿈공원 이외에도 주민들이

동자동사랑방·협동회 사무실 전경. 선동수 간사 제공.

자주 찾는 곳이 하나 더 있다. 바로 사랑방에서 운영하는 식도락
이다. 식도락은 원래 주민이 다 같이 쓰던 공용 부엌이었다. 지금
은 주로 여성 주민들이 식사를 준비해 1000원에 팔고 있다. 이전
에는 여성 주민과 남성 주민이 요일에 따라 번갈아가며 요리했으
나, 코로나19 이후 자활 일자리 등 여성 주민들의 일자리가 축소
되면서 여성 주민들이 식도락에 더욱 적극적으로 참여하고 있다.
몸은 아파도 일이 재밌다. 쉬는 날 찾아와 "왜 닫냐" 묻는 주민에
게 "아파요!" 하고 툴툴대기도 하지만, 여성 주민들은 일할 사람
을 손수 찾을 만큼 식도락에 대한 애정이 크다. 식도락은 본래의
목적 이외에 쉼터로도 활용된다. 주민 대다수가 남성인 데다 공
용 화장실을 써야 하는 쪽방에서 여성 주민들이 편히 쉴 수 있는

공간 역할도 하는 것이다.

식도락 일이 마무리되는 정오쯤이면 여성 주민들은 '이웃집'을 방문하기도 한다. 이곳은 안전에 취약한 여성 홈리스를 위한 공간이다. 이들은 여기서 빨래와 샤워를 하고, 식사를 함께한다. 쪽방 여성 주민들 역시 이곳에서 운동이나 뜨개질을 하며 함께 시간을 보낸다. 최근에 만들어진 이 공간에선 수녀님, 활동가, 쪽방 주민, 홈리스가 모여 취약한 여성으로서 감내해온 문제들을 공유하고 서로에게 의지가 되어준다.

인류학자 사마나니와 렌하드(2019)는 집의 개념을 확장할 것을 제안한다. 이들은 집이 꼭 물리적 주택에 국한되지 않는다는 점을 강조한다. 집이란 거주자가 삶의 과정에서 보금자리를 넓혀나가며 만드는 모든 공간이라는 것이다. 동자동 사람들이 쪽방보다 더 오래, 더 편안하게 머무르는 곳, 답답함과 외로움을 해소하기 위해 주기적으로 찾는 곳, 주민들의 일상에 자연스레 녹아든 곳들이야말로 진짜 보금자리요, 집이다. 환경이 열악해도 이웃과 함께할 수 있기에 주민들은 동자동을 사랑한다. 그들에겐 오히려 사랑방·협동회 사무실, 골목길, 새꿈공원, 식도락과 이웃집이 보금자리다. 동자동 공공주택사업 결정으로 촉발된 주거권 논의는 동자동 주민들의 삶과 만나며 집의 의미를 확장해나가고 있다.

강우향, 김명재, 김진하, 류서영, 방예원, 박경찬, 윤채원, 이채윤, 조문영

　"진짜 향내 나는 인간 냄새를 풍겨야 돼요. (⋯) 인간적인 지식.
그런 게 진짜거든." 우리를 만난 김정호 협동회 이사장은 이런 말
을 자주 했다. 하루는 이렇게 말하기도 했다. "학생들한테 부담이
갈 수 있는 말이지만은, 나도 나이는 또 먹을 만치 먹은 사람이기
때문에, 그래도 (여러분이 나에게) 배울 수 있는 거는, 배울 만한 건
또 배우는 것도 괜찮잖아요. 어떤 교수, 어떤 박사, 석사, 이런 사
람들, 어떤 시인들, (그 사람들이) 이렇게 글을 써놓은 거, 나도 한
번 읽어봐요. 읽어보면 거기에서 꾸룩(쿰쿰한) 냄새가 나는 게 있
고, 향기가 나는 글이 있고. 그걸 내가 판가름할 줄 알지요."

　향내가 난다는 말은 이 연구를 진행하는 동안 쪽방촌 주민들
한테서 우리가 가장 많이 들은 얘기다. 지식도, 글도, 사람도, 삶

도 향내가 나야 한다. 주민들은 스스로 꾸려온 관계에서 진짜 인간의 향내가 난다고, 가난의 현장이지만 학생들도 배울 게 많다고 힘주어 말했다. 짧은 시간이었지만, 우리는 그분들이 물질적·제도적으로 취약한 환경 속에서 힘들어할 때조차 이웃을 찾고, 서로에게 기대며 향내 나는 삶을 만들어가는 과정을 곁눈질했다. 주민들은 병원에 동행하고, 마을을 청소하고, 무연고 장례를 함께 치르면서 가족 너머의 관계를 새롭게 엮어냈다. '정상'에서 일찌감치 밀려난 사람들이 혈연가족, 학교, 직장 등 익숙한 장소와 생애경로 바깥에서 공동의 미래를 상상하고, 인간의 취약함과 유한함을 인정하는 가운데(조문영 2022b: 386) 삶의 보폭을 조율하면서 '다른 미래'를 만드는 과정은 더디지만 꾸준하게 이어졌다. 같은 동네에 산다는 단순한 사실에서 출발해 각자의 자리, 서로의 자리를 함께 만들어가는 이곳 사람들의 실천은 타인과의 거리 두기가 삶의 합당한 윤리로 여겨지는 오늘날 한국 사회에서 이례적인 풍경이다. 존중한다는 명목으로 서로에게 선을 긋고, 타인에게 민폐가 될까 걱정하고, '1인분'을 해내야 한다는 강박에서 쉽사리 놓여나지 못하면서 돌봄과 상호의존의 감각을 잃어버린 우리는 자꾸 그 풍경에 눈길이 갔다.

　동자동 공공주택사업 발표는 쪽방 주민들이 힘겹게 만들어온 공동체를 좀더 안전하고 지속가능한 환경에서 이어갈 물꼬를 터주는 듯했으나, 이 책에서 살펴보았듯이 진행이 순조롭지는 않았다. 공공개발을 둘러싼 난장亂場에서 쪽방촌 주민들이 만들어가는 '다른 미래'에 주목하는 사람은 많지 않았다. 재산권을 주거권의 위에 둔 동자동 소유주들이나 온라인 부동산 커뮤니티 회원들은 공공개발을 '사유재산 강탈'과 동의어로 사용했다. 생각을 달리하는 소유주들의 목소리는 자산 증식을 향한 집단 고성에 묻혔다. 국토교통부를 비롯한 정부 관계자들은 공공개발 결정의 주요 행위자로서 의미 있는 행보를 보였으나, 이들에게도 쪽방은 수도 서울의 미관을 해치는 골칫거리였다. 쪽방이 사라지지 않고 마을을 이루며, 취약계층이 다른 계층과 섞이지 않고 도심에 밀집한 상황은 '가난의 문화'를 퍼뜨릴 위험으로 비쳤다. 쪽방 주민의 주거권을 보장하는 일과 쪽방촌으로 상징되는 빈곤을 관리하는 작업이 공공개발 정책에 혼재돼 있었던 셈이다. 공공이라는 단어에서 국가와 정부, 공공기관인 LH를 먼저 떠올리는 관행은 동자동 개발의 공론장에서도 반복됐다. 정부 발표 이후 공공은 다양한 이해관계자들 사이에서 뜨거운 화두로 부상했으나, 쪽방 주민들이 어렵게 빚어낸 상호의존의 가치는 이들에 대한 연민과 낙인에 가려지곤 했다.

동자동 사업은 어떻게 마무리될까? 우리가 현장연구를 마친 뒤에도 동자동을 둘러싸고 무수한 말이 오가고 있는 가운데, 정권이 바뀌면서 민간개발 전환을 주장해온 동자동대책위 소속 소유주들의 기세는 더욱 거세졌다.* 정부의 묵묵부답과 눈치 보기도 계속되고 있다. 정권 교체 후 이 사업을 담당한 정부 부처와 LH 담당자도 전부 바뀌었고, 국토부와 서울시는 다음 단계로의 이행을 놓고 서로 책임을 떠넘기는 모양새다.

그런 와중에도 공공개발을 끝까지 관철하기 위한 쪽방 주민들과 반빈곤·주거권 운동 단체들의 노력은 부단히 이어지고 있다. 2022년 9월 22일, 서울시 동자동·양동·창신동·돈의동 쪽방 주민들은 각 쪽방촌에서 벌어지고 있는 개발사업의 문제를 성토하고, 오세훈 서울시장을 규탄하는 집회를 열었다.[1] 참여연대는 10월 27일 기자회견을 열어, 서울역 동자동 쪽방촌 공공주택사업을 민간개발(윤석열 정부가 추진 중인 민간 주도의 도심복합개발사업)로 전환하면 소유주 개발이익은 최대 열 배로 확대되는 반면 공공임대주택 환수 규모는 공공개발에 비해 8분의 1 수준으로 축소된다는 분석 결과를 내놓았다.[2] 홈리스추모제공동기획단 주최로 12월 21일 동자동에서 열린 '쪽방 주민 주거권 보장을 위한 동자동 공공주택사업의 필요성' 토론회에서, 쪽방 주민들은 토론자로 참석한 국토부·LH 관계자들에게 국가가 관심을 가져야 할 주민이란 동자동에서 자고, 먹고, 지내는 '우리'임을 강조했다. 정부의 사업 발표 2년째를 맞아 쪽방 주민들과 시민단체는 서울 용산구 대통령실 청사 앞에서 신속한 공공주택 지구 지정을 요구하는 기

---

* 일례로 이들은 2022년 10월 18일 기자회견에서 동자동 사업을 민관합동 도시정비형 재개발사업으로 추진할 것을 촉구하면서, 정부가 공공주택지구 지정 철회 가능성 여부에 대해 속히 입장을 밝힐 것을 요구하기도 했다. 윤석진, 「서울역 동자동 쪽방촌, 공공개발 '반대'…민·관합동 재개발 첫 제안」, MTN 뉴스, 2022년 10월 18일 자.

자회견도 열었다. 한파에 난방비 대란이 겹치면서 정부는 취약계층에 대해 에너지바우처라는 땜질 처방만 요란하게 내놓았으나, 쪽방 주민 활동가들은 기후재난으로 적정 주거가 절실해진 현실을 환기하며 바우처라는 연명치료 대신 집이라는 인권을 당당히 요구했다.[3]

끝을 알 수 없는 공방을 이해관계자들 사이의 갈등 조정 과정으로 마름질하기엔 쪽방촌 주민들의 고통이 너무 크다. 이미 취약해진 상태로 쪽방촌에 다다른 주민들은 질병, 장애, 죽음과 늘 더 가까이에서 살아간다. 우리는 협동회 주민이 맞은편 쪽방 동생의 시신을 수습하며 형의 유품을 정리하는 모습을 안타깝게 지켜봐야 했다. 공공임대주택에서 여생을 함께 보내자며 한껏 기대에 부풀었던 사람들이 하나둘 떠났다. 정부 결정이 늦어지고 미뤄지는 사태는 개발 과정에서 비일비재하고 때로는 숙의 민주주의의 당연한 풍경처럼 묘사되기도 한다. 하지만 이런 개발의 시간성은 거리에서, 쪽방에서, 병원과 요양원에서 남들보다 빠른 속도로 삶을 마감하는 가난한 사람들의 시간성과 엇박자를 탄다. 그렇다고 쪽방촌 사람들이 무기력하게 정부 결정만 기다리고 있는 건 아니다. "차라리 발표나 하지 말지"라며 속상해하고 "솔직히 안 되지 싶다"며 불안해하면서도, 쪽방 주민들은 공공개발 지지 시위에 열심히 참여했다. 민간개발을 주장하는 소유주들처럼 경제적·사회적 자본을 밑천 삼아 조직적 대응을 펼치진 못해도, 여러 집회에 적극적으로 연대하면서 꾸준히 목소리를 냈다. 정부의 5조 6000억

원 공공임대주택 예산 삭감에 항의하기 위해 48개 시민단체가 '내놔라 공공임대 농성단'을 조직했을 때도, 동자동 사람들은 쇠잔한 몸으로 가장 먼저 국회 앞 농성장을 찾았다.

이렇게 쪽방 주민들과 반빈곤 활동가들이 주거권을 일상과 운동에서 적극적으로 요구하고 실천해온 역사는 우리에게 공공의 개념을 확장할 것을 요구한다. 공공이 사전적 정의대로 "국가나 사회의 구성원에게 두루 관계되는 것"이라 할 때, 그것을 이미 정립된 제도로 규정하지 않고 "개인이나 특정 집단에게 귀속된 유형·무형의 무언가를 '모두의 것'으로 탈환하여 제도화해온 실천"(김항 2014: 7)으로 확장하는 움직임은 상당히 중요하다. 제도 너머에서 공동의 것을 확대해온 쪽방촌 주민들의 오랜 실천은 동자동 소유주 주민, 정부 관계자, 언론이 국가의 다른 이름으로 축소해온 공공의 의미를 확장할 계기를 터준다. 우리는 쪽방 주민들의 실천을 역사적으로 재발견하는 작업, 공공개발의 흔들림 없는 추진을 끈질기게 요구하는 움직임이 공공성의 공론장을 더욱 풍요롭고 정의롭게 만들기를 기대한다. 무엇보다 공공성이란 "결코 완성을 모르는 이념이자 실천"이며(김항 2014: 9), 교각의 지지력은 그 교각의 가장 취약한 기둥의 강도가 결정하듯 한 사회의 역량은 그 사회에서 가장 취약한 계층의 삶의 질이 결정하기 때문이다(바우만 2013). 우리는 이렇게 공공을 새롭게 조립하는 작업이야말로 공멸을 초래할 각자도생 너머에서 '다른 미래'를 만들어갈 중대한 실험이라고 믿는다. 오늘날 한국에서 살아가는 모든 사람

동자동, 당신이 살 권리

은 이 미래를 꿈꿀 자격이 있으며, 그래서 '동자동'은 바로 당신의
권리이기도 하다.

강우향, 김명재, 김진하, 류서영, 방예원, 박경찬, 윤채원, 이채윤, 조문영

| 들어가며 |

1 조문영, 「동자동이라는 미래」, 『한겨레』, 2022년 5월 11일 자.

| 1장 |

1 조사 과정에서 우리는 행정부 보도자료, 기사, 정부 출간 간행물을 살폈고, 사업 진행 과정에 직간접적으로 참여한 공무원, LH 직원, 관련 연구자와 인터뷰를 진행했다.

2 도시정비법의 조합원 지위 양도 금지 조항은 실수요자를 보호하고 단기 투기 수요를 억제하여 주택시장을 안정적으로 관리하는 것을 목적으로 한다. 후분양제는 건설 사업자가 아파트 등 주택을 짓기도 전에 분양하는 선분양제와 달리, 주택 건설 공정 막바지에 분양하는 제도다. 부도 위험, 폭리, 투기를 방지할 목적으로 2004년에 도입되었다.

3 이 장에는 두 전 장관과의 인터뷰가 다수 포함돼 있다. 이는 특정 개인의 업적을 강조하기 위해서가 아니라 서울 도심부 공공주택사업이 등장한

배경을 추적하기 위함이다.

4 구체적인 사업 유형은 '주거환경관리사업'과 '가로주택정비사업'인데, 이 두 사업은 2012년 2월 도시정비법이 개정되며 신설되었다. 해당 법령에 근거해 진행되는 도시정비사업은 원래 도시환경정비사업, 주택재개발사업, 주택재건축사업, 주거환경개선사업 등 네 가지였는데, 여기에 주거환경관리사업과 가로주택정비사업이 추가되었다.

5 가로주택정비사업을 추진하려면 사업 시행구역의 토지등소유자 80퍼센트 이상에게 동의를 받아야 하며, 면적은 1만 제곱미터 미만이어야 한다. 폭이 4미터를 초과하는 도시계획도로가 해당 가로구역을 통과해서도 안 된다. 또 노후·불량 건축물이 전체 건축물의 3분의 2 이상을 차지해야 하고, 구역 내 단독주택 및 공동주택의 총 세대수가 스무 세대 이상이어야 한다. 정거택, 「주거환경관리사업 추진현황 및 향후 과제」, 『도시와 빈곤』 108, 2015, 4-17 참조.

6 최은영, 「영등포 쪽방촌을 통한 미래」, 『한겨레』, 2020년 5월 28일 자.

7 KBS 「추적 60분」 '2019 쪽방촌 리포트'(2019년 7월 방영), EBS 「다큐 시선」 '빈곤 비즈니스, 쪽방촌의 비밀'(2019년 7월 방영), 한국일보 「지옥고 아래 쪽방」, 「대학가 新쪽방촌」(2019년 5월 보도) 등 미디어에서 비주택 주거지의 열악한 환경을 다뤘다.

8 용산참사에 관한 자세한 소개는 이원호, 「철거민운동의 역사와 주요 쟁점―개발에 맞선 운동의 확장으로」, 『도시와 빈곤』 97, 2012, 38-57을 참고할 것.

9 2020년 서울시 주택건축본부 자료 참조.

10 한국도시연구소는 1985년 빈곤층 밀집 지역에서 현장 활동을 하던 도시빈민연구소에 뿌리를 두고 있다. 1994년 한국공간환경학회의 전신인 한국공간환경연구회와 통합한 이래 신진 학자들을 적극적으로 영입하며 현장 중심 정책을 연구해왔다.

11 이 인물들이 정책에 '직접적인' 영향을 끼쳤다고 주장하는 것은 아니다. 김수현 정책실장이 사임한 것은 2019년 6월이며, 사업 시행자와 결정·입안자의 역할은 구분될 필요가 있다.

1 당시 광주에서 벌어진 철거민들의 저항은 '폭동' '난동'으로 치부됐지만, 2021년에 이르러 개발독재에 맞선 생존권 투쟁의 의미를 인정받아 '8·10 성남(광주대단지)민권운동'으로 명칭이 확정됐다. 김기성, 「'민권운동' 인정받은 '광주대단지 사건', 50년 만에 제 이름 찾았다」, 『한겨레』, 2021년 6월 10일 자.

2 이원호, 2022년 1학기 〈빈곤의 인류학〉 강연 자료 참조.

3 '국민기초생활보장제도'는 생활이 어려운 사람에게 필요한 급여를 실시하여 이들의 최저생활을 보장하고 자활을 돕는 것을 목적으로 1999년 제정됐다. 급여는 크게 생계급여·의료급여·주거급여·교육급여로 나뉘며, 신청자의 소득 인정액이 기준 중위소득 대비 일정 비율 이하일 때 수급권자가 될 수 있다. 하지만 원 취지에도 불구하고 이 제도는 여러 문제를 안고 있다. 까다로운 선정 기준과 낮은 급여 수준은 가난한 사람들을 수급자가 되기도, 수급자로 살기도 애매한 현실에 놓이게 한다. 20여 년간 수급자 선정의 문턱으로 작동했던 부양의무자 기준도 생계급여와 주거급여, 교육급여 부문에서는 폐지되었으나 의료급여에는 여전히 적용되고 있다. 이에 기초법바로세우기공동행동 등 반빈곤 단체는 일방적 근로 능력 평가, 최저임금에도 미달하는 자활급여, 수급자 선정 기준과 보장 수준 현실화 등을 요구하고 있다.

4 우리는 주거권운동의 전반적인 지형을 파악하기 위해 2022년 5월 초부터 6월 초까지 약 한 달 동안 반빈곤·주거권 운동 활동가, 동자동사랑방·동자동사랑방마을주민협동회에서 활동하는 쪽방촌 주민, 전 국토부 장관, 기본소득당 대표 등 다양한 분야의 사람들과 접촉하며 인터뷰를 진행했다. 또한 한국도시연구소에서 발간하는 『도시와 빈곤』, 민주화운동기념사업회의 디지털 아카이브를 비롯해 빈곤사회연대, 홈리스행동, 민달팽이유니온, 전국철거민협의회, 전국철거민연합, 민주노점상전국연합, 한국주민운동교육원 등 단체들이 발간한 자료를 검토하며 운동 내부의 활동과 논의를 살폈다.

5 이 절에서 소개한 주민운동 사례는 활동가들이 주축이 되어 '빈민지역운동사 발간위원회'를 구성하고 펴낸 『마을공동체운동의 원형을 찾아서』를

주로 참조했다.

6 사당동 일대 세입자 투쟁에 관한 상세한 기록은 다음 글을 참고하기 바란다. 김학규, 「"부자만 잘 살면 안 된다" 87년 대선후보 '단골 장소' 사당동 — 사당동 사람들의 주거권 쟁취 투쟁사 ②」, 오마이뉴스, 2021년 5월 21일 자.

7 1985년에는 빈곤 현장 활동과 연구를 결합한 도시빈민연구소가, 1987년에는 각 지역의 철거반대투쟁 세력이 연합한 서울시철거민협의회가 만들어졌다. 또한 1986년 아시안게임, 1988년 서울올림픽을 앞두고 벌어진 대대적인 노점상 단속에 대응하는 과정에서 전국노점상연합회가 등장했다. 이러한 흐름은 1990년 주거연합, 1993년 전철협, 1994년 전철연의 등장으로 이어진다.

8 『가톨릭신문』, 「아시아 도시빈민 서울대회 — 12개국 93명 참가, 주거문제 집중토론」, 1989년 6월 25일 자.

9 주거연합, 「주거권 실현을 위한 국민연합 보고서」, 1991.

10 변창흠(2014)은 청년층 주거문제가 분양주택이나 민간임대주택의 공급 확대를 통해 저절로 해결될 수 없다는 점, 공공임대주택 물량 확대를 통해서도 자연스레 해결되지 않는다는 점을 강조했다. 그는 "특별한 배려를 하거나 일정한 비율로 할당을 하지 않는 한 청년층이 입주 대상이 되지 못하기 때문"이라고 밝히면서 문제를 해결하기 위해서는 청년 맞춤형 정책이 필요하다고 주장했다.

| 3장 |

1 영등포 사업은 국토부·서울시·영등포구의 2020년 7월 15일 자 보도자료 「영등포 쪽방촌 공공주택지구 지정 완료… 사업 본격화」를, 대전역 사업은 대전시 도시재생과에서 2020년 4월 23일 게시한 「대전역 쪽방촌 도시재생사업으로 탈바꿈한다」와 진나연, 「'진척 없는' 대전역 쪽방촌 재개발 사업」, 『대전일보』, 2022년 1월 6일 자를, 동자동 사업은 국토부·서울시·용산구에서 2021년 2월 5일 게시한 보도자료 「전국 최대 서울역 쪽방촌, 명품 주거단지로 재탄생」을 참고했다.

동자동, 당신이 살 권리

2 서울시 주택정책실, 「서울시, 영등포 쪽방촌 절반 225가구 리모델링 완료」, 2013년 12월 1일 게시, https://news.seoul.go.kr/citybuild/archives/28199.

4장

1 윤주혜, 「"동자동 무너지면 다 죽는다" 용산 쪽방촌 소유자들 집단 반발」, 『아주경제』, 2021년 2월 16일 자.

2 강영훈, 『붇옹산의 재개발 투자 스터디』, 구루핀, 2017, 저자 소개 참조.

3 하주희, 「1일 조회수 550만 회! 부동산 카페서 본 요지경 대한민국」, 『주간조선』, 2018년 9월 7일 자.

4 서윤덕, 「변창흠 "집값 상승은 부동산 커뮤니티 때문" 과거 발언 재조명」, 『매일경제』, 2020년 12월 5일 자.

5 변창흠, 「주택시장이 정상적으로 작동되려면」, 『도시문제』 53권 601호 (2020년 12월 호), 22-23.

6 해당 기사는 『이데일리』 지면에 실린 「국토부–서울시 '엇박자'에… 서울역 쪽방촌 개발 '표류'」(2022년 1월 21일 자)와 인터넷 이데일리 부동산시황 섹션에 게재된 「국토부–서울시 '동상이몽'에 서울역 쪽방촌 울상」(2022년 1월 20일 자) 기사다. 대책위 측은 기자가 쪽방 주민 모두가 국토부의 공공주택사업 추진에 반대하는 것처럼 보도했으며 쪽방촌 정비사업에 관한 보도 내용도 사실과 다르다면서 정정보도와 반론보도 및 손해배상을 구하는 조정을 신청했다. 언론사는 이에 2022년 3월 14일 자로 반론보도를 게재했다.

7 각각 2022년 6월 23일 기준 방문 횟수 2564회, 게시물 29개, 댓글 707개. 2022년 6월 23일 기준 전체 방문 횟수 1만 3790회, 게시물 3개, 댓글 205개.

8 하주희, 앞의 글.

5장

1 김인철, 「동자동 쪽방촌에 걸린 공공주택 토지 강제수용 반대 현수막」, 연

합뉴스, 2021년 3월 8일 자.

2 2021년 8월 동자동 사업 관계기관이 합동 발표한 「서울역 쪽방촌 정비사업 관련 사업 설명 안내문」 참조.

3 이은기·이채윤, 「'동자동 공공개발' 보도엔 '소유주'만 있었다」, 비마이너, 2021년 10월 28일 자.

| 6장 |

1 앨린스키와 프레이리의 생애는 앨린스키의 『급진주의자를 위한 규칙』과 온라인 브리태니커 백과사전을 참고했다.

2 홈리스행동을 중심으로 한 당사자 조직화도 이후 꾸준히 전개됐다. 최예륜, 「어느 홈리스의 죽음」, 『한겨레21』 1098호 참조.

3 곽희양, 「쪽방촌 주민들, 땀 흘리며 희망 캔다」, 『경향신문』, 2012년 5월 20일 자.

4 돈이나 현물을 주고 홈리스의 명의를 도용 및 대여하는 일은 거리에서 흔하게 벌어진다. 2013년 홈리스추모제공동기획단과 공익인권법재단 공감이 100명의 홈리스를 대상으로 명의도용 실태조사를 실시한 결과, 관련 범죄로 인한 피해는 총 267건에 달했다. 또 화우공익재단, 서울사회복지공익법센터, 동인 공익위원회가 홈리스행동과 사랑방, 돈의동해뜨는사랑방에서 실시한 홈리스 법률 상담 실태조사에 따르면 명의 도용 및 대여로 인해 채무 독촉 고지를 받거나 형사사건에 휘말리고 통장이 압류되는 등 관련 피해가 신용 일반의 문제로 번지는 모습을 확인할 수 있다. 이처럼 명의도용은 현재의 가난을 빌미로 미래의 신용을 착취하는 범죄다. 갈홍식, 「명의 도용당한 홈리스 문제 해결해야」, 비마이너, 2013년 12월 20일 자; 김도희, 「홈리스, 사각지대 내몰리는 명의범죄 피해자」, 오마이뉴스, 2019년 12월 18일 자.

5 엄병천 기록, 오미옥 정리, 이태헌·양정애·이경희·최용철 이야기, 「가난한 이들이 모여 함께 살아가는, 사랑방마을 공제협동조합의 이야기—2010년 11월 30일 동자동사랑방에서」, 『복지동향』 제146호(2010년 12월), 67-72.

│ **나가며** │

1 하민지, 「쪽방주민들 "오세훈이 살아도 좋을 공공주택 지어라"」, 비마이너, 2022년 9월 26일 자.

2 참여연대, 2022년 10월 27일 기자회견 '동자동 쪽방촌, 공공/민간 개발방식별 개발이익 분석' 자료 참조.

3 조문영, 「약자와의 동행인가, 시민 길들이기인가」, 『한겨레』, 2023년 2월 15일 자.

| 단행본·학술논문 |

강준모, 2020, 「기후불평등과 사회복지: 동자동 쪽방촌 사례를 중심으로」, 재단법인 숲과나눔.

김명수, 2020, 『내 집에 갇힌 사회』, 서울: 창비.

김수영, 2013, 「사회운동조직의 사회복지제도화와 미시저항: 지역자활센터의 사례를 중심으로」, 『한국사회복지학』 65:2, 255-285.

김수진, 2022, 「도시취약지역 공공주도 정비에 따른 갈등양상과 정책과제」, 국토연구원.

김수현, 2021, 「1971년, 판자촌 시대의 전환점」, 『도시와 빈곤』 117, 1-10.

김원, 2011, 『박정희 시대의 유령들: 기억, 사건 그리고 정치』, 서울: 현실문화.

김윤영, 2022, 『가난한 도시생활자의 서울 산책: 쫓겨난 자들의 잊힌 기억을 찾아서』, 서울: 후마니타스.

김윤이, 2012, 「개발사업과 주거권운동」, 『도시와 빈곤』 100, 29-49.

김재형, 2021, 「머리말」, 『절멸과 갱생 사이: 형제복지원의 사회학』, 서울대학교 사회학과 형제복지원연구팀 엮음, 서울: 서울대학교출판문화원.

김주진 외, 2022, 「쪽방촌 일대 공공주택사업의 주민 재정착 제고 방안 연구」, 한국토지주택공사 토지주택연구원.

김주환, 2005, 「서울 남산의 지질과 지형」, 『한국자연보존연구지』 3:1, 143–162.

김지현, 2022, 「청년배당의 쟁점과 기본소득의 궤적: 정책 연결망의 형성과 변형을 중심으로」, 석사학위 논문, 서울대학교.

김진홍 외, 1993, 「ACHR 연수회에 다녀와서」, 『도시와 빈곤』 1, 1–8.

김항, 2014, 「시민의 공공성에서 인간의 열림으로」, 김예림 외, 『정치의 임계, 공공성의 모험』, 서울: 혜안.

김형국·하성규, 1998, 『불량주택 재개발론』, 파주: 나남.

라투르, 브뤼노, 2010, 「행위자네트워크 이론에 관하여: 약간의 해명, 그리고 문제를 더 복잡하게 만들기」, 홍성욱 엮음, 브뤼노 라투르 외, 『인간·사물·동맹』, 서울: 이음.

무페, 샹탈, 2020, 『경합들: 갈등과 적대의 세계를 정치적으로 사유하기』, 서정연 옮김, 서울: 난장.

문헌준, 2004, 「'노실사 사랑방' 운영 사례를 통해서 본 홈리스 주거지원」, 『도시와 빈곤』 66, 94–106.

미류, 2011, 「강제퇴거금지법 제정운동, 첫발을 내딛다」, 『도시와 빈곤』 91, 9–24.

바우만, 지그문트, 2013, 『방황하는 개인들의 사회』, 홍지수 옮김, 성남: 봄아필.

박문수, 2001, 「한국의 주거권 운동 또 전환기인가」, 『도시와 빈곤』 52, 63–71.

박현주, 2006, 「도시재개발지구의 주거권 운동 연구」, 석사학위 논문, 한남대학교.

박홍근, 2015, 「1960년대 후반 서울 도시근대화의 성격: 도시빈민의 추방과 중산층 도시로의 공간재편」, 『민주주의와 인권』 15:2, 237–275.

백영서, 2013, 『핵심현장에서 동아시아를 다시 묻다』, 서울: 창비.

버틀러, 주디스, 2008, 『젠더 트러블: 페미니즘과 정체성의 전복』, 조현준 옮김, 파주: 문학동네.

변창흠, 2014, 「청년주거를 위해 맞춤형 주택정책이 필요하다」, 『도시와 빈곤』 107, 1–4.

빈민지역운동사 발간위원회, 2017, 『마을공동체 운동의 원형을 찾아서』, 파주: 한울.

서종균, 1995, 「주거권이란 무엇인가―주거권 연구를 위한 노트」, 『도시와 빈곤』 13, 47-56.

_____, 1999, 「쪽방 지역과 쪽방 사람들」, 『공간과 사회』 12:1, 219-256.

_____, 2000, 「중산층과 서민을 위한 주거권운동」, 『도시와 빈곤』 42, 23-42.

_____, 2001, 「주거기본법 제안 취지와 주택법 제정에 대한 의견」, 『도시와 빈곤』 51.

_____, 2011, 「주거권 운동의 역사와 과제」, 『도시와 빈곤』 90, 13-44.

서종균·김수현, 1996, 「주택정책과 주거권, 주거권운동」, 『도시와 빈곤』 20, 54-88.

슈아, 2012, 「빈민지역 주민운동의 역사와 쟁점들」, 『도시와 빈곤』 97, 22-37.

신명호, 1999, 「한국 지역주민운동의 역사 (3)」, 『도시와 빈곤』 41, 135-145.

_____, 2017, 「철거민 정착마을 복음자리―경기도 시흥」, 빈민지역운동사 발간위원회 엮음, 『마을공동체 운동의 원형을 찾아서』, 파주: 한울, 71-110.

심상구, 1994, 「철거반대투쟁의 경과에 대한 평가」, 『도시와 빈곤』 6.

애드킨스, 리사 외, 2021, 『이 모든 것은 자산에서 시작되었다: 자산의 격차는 어떻게 개인의 삶을 가르는 핵심 요인이 되었는가』, 김현정 옮김, 서울: 사이.

앨린스키, 솔 D., 2008, 『급진주의자를 위한 규칙: 현실적 급진주의자를 위한 실천적 입문서』, 박순성·박지우 옮김, 서울: 아르케.

우순영, 2017, 「가난한 주민과 함께 일군 지역공동체―서울 노원·도봉」, 빈민지역운동사 발간위원회 엮음, 『마을공동체 운동의 원형을 찾아서』, 파주: 한울, 263-315.

이경래, 1999, 「세계주거회의(Habitat II)의 지역화를 위한 움직임-주거권 운동을 중심으로」, 『도시와 빈곤』 24, 84-92.

이경묵, 2017, 「물 다양체와 실험실-마을: 자카르타 북부 빈민촌에서의 물 문제의 전개와 효과」, 박사학위 논문, 서울대학교.

이동현, 2012, 「홈리스와 주거권운동」, 『도시와 빈곤』 100, 50-64.

이동훈, 2006, 「강남 재건축 '위기의 계절' 돌파구 없어 약보합세 당분간 이어질 듯」, 『주택과 사람들』 196, 40-45.

이문영, 2020, 『노랑의 미로: 가난의 경로 5년의 이야기』, 파주: 오월의봄.

이소정, 2006, 「판자촌에서 쪽방까지: 우리나라 빈곤층 주거지의 변화과정에 관한 연구」, 『사회복지연구』 29, 167-208.

이승철, 2022, 「금융의 프랑스 혁명?: 게임스탑 사태와 투자자 포퓰리즘의 등장」, 『문화연구』 10:1, 75-99.

이원호, 2012, 「철거민운동의 역사와 주요쟁점-개발에 맞선 운동의 확장으로」, 『도시와 빈곤』 97, 38-57.

_____, 2021, 「주거취약계층 삶의 터전으로서 도시공간: 쪽방촌 공공주도 정비사업의 의미」, 『국토』 475, 37-42.

이은기, 2016, 「주거기본법의 제정과 주거권, 그 함의」, 『공법연구』 44:4, 267-299.

이재하, 2007, 「살기좋은 지역 만들기의 방향과 과제」, 『한국지역지리학회지』 13:1, 1-10.

이혜미, 2020, 『착취도시, 서울』, 파주: 글항아리.

이호, 1994, 「빈민지역운동 평가」, 『도시와 빈곤』 3, 2-22.

장성수·윤혜정, 2002, 「주택재개발사업제도 변천에 관한 연구(III)-제3기: 도시재개발법에 의한 주택개량재개발 사업(합동재개발)(1982~)」, 『주택포럼』 17:1, 81-89.

장영희, 2007, 『뉴타운사업에 따른 원주민 재정착률 제고방안』, 서울: 서울시정개발연구원.

정거택, 2015, 「주거환경관리사업 추진현황 및 향후 과제」, 『도시와 빈곤』 108, 4-17.

정일우, 2009, 『예수회 신부 정일우 이야기』, 서울: 제정구기념사업회.

정택진, 2020, 「쪽방촌의 사회적 삶: 서울시 동자동 쪽방촌을 중심으로」, 석사학위 논문, 연세대학교.

_____, 2021, 『동자동 사람들』, 서울: 빨간소금.

조귀동, 2020, 『세습 중산층 사회』, 서울: 생각의힘.

조문영, 2001, 「'가난의 문화' 만들기: 빈민지역에서 '가난'과 '복지'의 관계에 대한 연구」, 석사학위 논문, 서울대학교.

_____, 2022a, 「사회적 버림의 연루자들」, 『서울리뷰오브북스』 6, 18-31.

_____, 2022b, 『빈곤 과정: 빈곤의 배치와 취약한 삶들의 인류학』, 파주: 글항아리.

조문영·장봄, 2016, 「'사람'의 현장, '빈민'의 현장: 한 지역주민운동 단체의 성찰적 평가에 관한 협업의 문화기술지」, 『한국문화인류학』 49:1, 51-107.

주거권운동네트워크, 2010, 『집은 인권이다: 이상한 나라의 집 이야기』, 서울: 이후.

최시현, 2021a, 「주택 담보 정동경제」, 『문화과학』 106, 59-75.

_____, 2021b, 『부동산은 어떻게 여성의 일이 되었나』, 서울: 창비.

탁장한, 2019, 「쪽방촌연구의 동향에 관한 탐구: '밀집된 빈민'에 대한 담론을 중심으로」, 『동향과 전망』 107, 153-200.

파텔, 라즈·제이슨 W. 무어, 2020, 『저렴한 것들의 세계사: 자본주의에 숨겨진 위험한 역사, 자본세 600년』, 백우진·이경숙 옮김, 서울: 북돋움.

퍼거슨, 제임스, 2017, 『분배정치의 시대: 기본소득과 현금지급이라는 혁명적 실험』, 조문영 옮김, 서울: 여문책.

한국주민운동교육원, 2014, 『스스로 여는 가능성』, 서울: 제정구기념사업회.

한재랑, 2018, 『그 형편에도 같이 하는 게 좋더라: 난곡희망의료협동조합 이야기』, 서울: 제정구기념사업회.

한재랑·박기홍, 2017, 「주민의 힘, 공동체와 연대로 피어나다─서울 관악」, 빈민지역운동사 발간위원회 엮음, 『마을공동체 운동의 원형을 찾아서』, 파주: 한울, 164-262.

허선영 외, 2019, 「온라인 커뮤니티에 나타난 부동산시장 참여자 심리와 부동산시장 변동 간의 인과관계분석」, 『주거환경』 17:4, 31-41.

홈리스행동 생애사 기록팀, 2021, 『힐튼호텔 옆 쪽방촌 이야기』, 서울: 후마니타스.

홍은광, 2003, 「파울로 프레이리Paulo Freire 교육사상의 수용과정과 한국 민중교육운동에 대한 영향」, 석사학위 논문, 서울대학교.

Fassin, Didier eds., 2017, *If Truth Be Told: The Politics of Public Ethnography*, Durham: Duke University Press.

Janeja, Manpreet K. and Andreas Bandak eds., 2018, *Ethnographies of Waiting: Doubt, Hope and Uncertainty*, London: Bloomsbury Academic.

Kim, Jieun, 2020, "Social Exclusion and Care in Underclass Japan: Attunement as Techniques of Belonging," *Culture, Medicine, and Psychiatry* 45, 42-63.

Nixon, Rob, 2011, *Slow Violence and the Environmentalism of the Poor*, Cambridge, MA: Harvard University Press.

Samanani, Farhan and Johannes Lenhard, 2019, "House and Home", *The Cambridge Encyclopedia of Anthropology*, Felix Stein et al. eds., 1-18.

Tate, Winifred, 2020, "Anthropology of Policy: Tensions, Temporalities, Possibilities," *Annual Review of Anthropology* 49, 83-99.

| 기타 |

2022홈리스주거팀, 「서울특별시 건축조례 개정, '안전'과 최저 주거수준을 담보하는 다중생활시설 최저주거기준으로 확장돼야」 논평, 2022년 1월 6일 자.

『가톨릭신문』, 「아시아 도시빈민 서울대회—12개국 93명 참가, 주거문제 집중토론」, 1989년 6월 25일 자.

갈홍식, 「명의 도용당한 홈리스 문제 해결해야」, 비마이너, 2013년 12월 20일 자.

강문규, 「재난위험시설 '정릉 스카이' 공공주택으로 개발」, 『해럴드경제』, 2016년 6월 16일 자.

고수봉, 「민중선교와 주민조직운동」, 에큐메니안, 2017년 10월 13일 자.

국정백서 편찬위원회, 「문재인정부 국정백서 13권: 주택공급 확대와 집값 안정화를 위한 노력」, 문화체육관광부, 2022.

국토교통부, 2017년 6월 23일 김현미 장관 취임사.

_____, 「'공공주도 3080+' 대도시권 주택공급 획기적 확대방안 발표」 보도 자료, 2021년 2월 4일 자.

_____, 「50년된 영등포 쪽방촌, 주거·상업·복지타운으로 탈바꿈」 보도자료, 2020년 1월 20일 자.

_____, 「쪽방촌 도시재생사업, 대전역 구도심 변화의 시작을 알리다」 보도자료, 2020년 4월 22일 자.

_____, 2020년 12월 29일 변창흠 장관 취임사.

_____, 「전국 최대 서울역 쪽방촌, 명품 주거단지로 재탄생」 보도자료, 2021년 2월 5일 자.

국토교통부 홈페이지 www.molit.go.kr 국토교통상식 게시판 「후분양제」 항목, 2019년 12월 23일 게시.

국회 국토교통위원회, 「2020회계연도 결산 위원회별 분석」, 국회예산정책처, 2021년 8월.

권기대, 「건폐율·용적률·전용면적… 도대체 무슨 얘기지?」, 『나라경제』, KDI 경제정보센터, 2014년 02월호.

기초법바로세우기공동행동·장애인과가난한사람들의3대적폐폐지공동행동, '기초생활보장법 제정 20년, 부양의무자기준 폐지, 기초법 개정 촉구' 기자회견문, 2019년 4월 30일.

김기성, 「'민권운동' 인정받은 '광주대단지 사건', 50년 만에 제 이름 찾았다」, 『한겨레』, 2021년 6월 10일 자.

김도희, 「홈리스, 사각지대 내몰리는 '명의범죄' 피해자」, 오마이뉴스, 2019년 12월 18일 자.

김민우, 「"공산당이냐" 쪽방촌 공개에 반발… 국토부 "주민의견 수렴할 것"」, 『머니투데이』, 2021년 2월 10일 자.

김연정, 「용산참사 10년…"인권 짓밟는 강제퇴거 여전, 금지법 제정해야"」, 연합뉴스, 2019년 1월 15일 자.

김영화, 「국일고시원 화재 사건, 그 후 피해자들의 삶」, 『시사IN』, 2019년 1월 17일 자.

김윤영 외, 「내가 사회복지사가 아니라, 반빈곤 운동가가 된 이유」, 플랫폼C,

2021년 9월 6일 자.

김창엽 외, 2012, 「동자동 쪽방주민 건강권 실태조사: 동자동 쪽방 김씨는 건강한가?」, 국가인권위원회.

김학규, 「부자만 잘 살면 안 된다 —87년 대선후보 '단골 장소' 사당동」, 오마이뉴스, 2021년 6월 21일 자.

김화영, 「이 지겨운 가난, 뭉쳐서 이겨낼 거야」, 단비뉴스, 2010년 11월 19일 자.

김희진·윤기은, 「'재개발로 퇴거 위기' 서울 양동·동자동 주민들 "쪽방 떠나면 노숙"」, 『경향신문』, 2020년 6월 27일 자.

노숙인복지와인권을실천하는사람들, 「건설교통부 다가구매입임대사업에 대한 「주거복지연대회의」 의견서」, 2004년 5월 27일.

_____, 「단신노숙인을 위한 매입임대주택 활용방안」, 2004년 6월 10일.

노숙인복지와인권을실천하는사람들·도시빈민선교회·민중복지연대·빈곤사회연대·전국노점상연합, '최후의 주거지 쪽방 철거 규탄 긴급 기자회견' '쪽방 철거와 용도전환을 금지하는 행정적 긴급조치 실시하고, 최빈곤 단신 생활자를 위한 다중주택 확보하라!」, 2004년 7월 7일.

도시빈민연구소, 「한국의 재개발 정책과 강제철거 실태 —'민중주거쟁취 아시아연합' 실태조사단 자료집」, 『도시빈민연구소 자료집』 2, 1988.

문세경, 「동자동사랑방 — 쪽방에서 피어나는 '꿈'을 이야기하다」, 『복지동향』 130, 2009, 62-65.

민달팽이유니온 홈페이지 minsnailunion.net.

민주화운동기념사업회 사료관 오픈아카이브 웹페이지 db.kdemocracy.or.kr.

박기용, 「서울시 '뉴타운 출구전략' 발표 "조합 등 해산 땐 기존비용 보조"」, 『한겨레』, 2012년 1월 30일 자.

박진영, 「"나의 날이 왔다" 6월 3일 '무주택자의 날'을 아시나요?」, 『머니투데이』, 2021년 6월 3일 자.

박태우, 「"물 새도 수리 안 해주더니"… 쪽방촌 집주인들 갑자기 '상생' 왜?」, 『한겨레』, 2021년 4월 25일 자.

변지민, 「반올림 1023일 노숙농성 '해피엔딩' 비결은?」, 『한겨레21』, 2018년 8월 10일 자.

빈곤사회연대, '전국 쪽방촌 공공주택사업의 필요성과 과제' 토론회 자료집,

동자동, 당신이 살 권리

2020년 11월 18일.

서울 정책아카이브 홈페이지 www.seoulsolution.kr 서울주요정책 서울정책
실 「서울시 뉴타운 사업」 「서울시 주거환경 정비사업」 항목, 2015년
5월 8일 게시.

서울시철거민협의회, '서철협 7주년 기념대회 및 전철연 결성 결의대회' 자료
집, 1994년 6월 12일.

서울특별시, 「역세권 주택 및 공공임대주택 건립관련 운영기준」, 2022년 6월
20일 전문 개정.

서울특별시 '정비사업 정보몽땅' 웹페이지 cleanup.seoul.go.kr 공공지원제도
「공공재개발」 항목.

서윤덕, 「변창흠 "집값 상승은 부동산 커뮤니티 때문" 과거 발언 재조명」,
『매일경제』, 2020년 12월 5일 자.

서현정, 「동자동 쪽방촌 공공주택사업 1년째 지지부진… 주민들 "약속 지켜
라"」, 『한국일보』, 2022년 2월 24일 자.

선동수, 「동자동 쪽방촌에서 벌어진 일」, 희망제작소, 2013년 4월 15일 게시.

손정인 외, 2012, 「쪽방 주민의 건강권을 위해 무엇을 해야 하는가?」, 『복지동
향』 170.

양지웅, 「한 평 남짓한 쪽방에 희망을 심는다」, 민중의소리, 2011년 7월 25일 자.

여도현, 「'쪽방촌 재개발' 갈등… 세입자 '환영' vs 집주인 '반발'」, JTBC,
2021년 3월 7일 자.

오건호, 「'무주택자의 날'이 온다」, 『경향신문』, 2021년 5월 27일 자.

우건일, 「사랑방마을공제협동조합 임원 읽을거리」, 사랑방마을공제협동조합,
2015.

유의선, 「비닐하우스촌 주거연합의 출범과 주거권운동의 방향」, 『사회진보연
대』 65(2006년 여름).

윤주혜, 「"동자동 무너지면 다 죽는다" 용산 쪽방촌 소유자들 집단 반발」,
『아주경제』, 2021년 2월 16일 자.

이가연, 「동자동 쪽방 주민들이 세종시에 찾아간 이유」, 비마이너, 2021년
10월 13일 자.

『이데일리』, [반론보도] 〈국토부-서울시 '동상이몽'에 서울역 쪽방촌 올 상〉

관련」, 2022년 3월 14일 자.

이성영, 「무주택자의 날, 노무현을 생각한다」, 오마이뉴스, 2021년 6월 3일 자.

이은기·이채윤, 「'동자동 공공개발' 보도엔 '소유자'만 있었다」, 비마이너, 2021년 4월 23일 자.

이정규, 「거리노숙인 특화자활사업 보고서」, 한국자활복지개발원, 2019.

이태진, 「한국 노숙인 쉼터시설의 오늘과 내일」, 노숙인복지와인권을실천하는사람들 2002년 5월 31일 간담회 자료.

이혜미, 「'빈곤 비즈니스' 사슬 끊으려면 쪽방을 법제 안으로 가져와야」, 『한국일보』, 2019년 5월 9일 자.

이호 외, 「서울시 비닐하우스촌 주민의 삶과 사회정책」, 서울시정개발연구원, 2002.

인권운동사랑방 홈페이지 www.sarangbang.or.kr 자료실.

장남종·양재섭, 2008, 「서울시 뉴타운사업의 추진실태와 개선과제」, 서울연구원.

전국철거민연합 홈페이지 www.nasepl.org.

전국철거민협의회 홈페이지 www.nccmc.org.

주거권실현을위한국민연합, 「주거연합을 어떻게 이해할 것인가」, 1990.

_____, 「주거권 실현을 위한 국민연합 보고서」, 1991.

_____, 「무주택자의 날 선포 및 주거연합 창립 3주년 단오한마당」, 1992.

_____, 「무주택자의 날 선포 1주년 및 주거연합 창립 4주년 기념대회」, 1993.

최윤정, 「'안전등급 최하' 정릉 스카이연립 허물고 공공임대 신축」, 연합뉴스, 2016년 6월 16일 자.

최은영 외, 「개포(구룡마을) 도시개발사업지구 거주민 재정착 및 커뮤니티 활성화 방안」, 서울주택도시공사·한국도시연구소, 2018.

토지이음, 「고도지구」, https://www.eum.go.kr/web/in/dc/dcDictDet.jsp?termsNo=00035, 2023년 3월 16일 접속.

하민지, 「국토부 "동자동 쪽방촌 공공개발 확실히 추진할 것"」, 비마이너, 2021년 11월 29일 자.

_____, 「동자동쪽방 소유자 "아름다운 민간개발"하겠다… 가능할까?」, 비마이너, 2021년 5월 12일 자.

하주희, 「1일 조회수 550만회! 부동산 카페서 본 요지경 대한민국」, 『주간조선』, 2018년 9월 7일 자.

한국주민운동교육원, 「한국주민운동 50주년 워크샵 자료집」, 2021.

_____, 「주민운동 현장 사례연구」, 2022.

한국주민운동교육원 홈페이지 conet.or.kr 자료실.

한정선, 「여야 "제2의 용산참사 없도록 '강제퇴거 금지법' 만들겠다"」, 『이데일리』, 2019년 1월 15일 자.

홈리스행동, 「쪽방주민들에게 물었다 ― 당신이 원하는 개발」, 2020년 12월.

황정환, 「관악구청, 신림동 강남아파트 재건축 재추진」, 『한국경제』, 2016년 7월 21일 자.

동자동, 당신이 살 권리

동자동, 당신이 살 권리
쪽방촌 공공개발과 주거의 미래

ⓒ빈곤의 인류학 연구팀

1판 1쇄 2023년 3월 31일
1판 2쇄 2023년 5월 11일

엮은이 조문영
지은이 빈곤의 인류학 연구팀
펴낸이 강성민
편집장 이은혜
책임편집 박지호 | 편집 박은아
마케팅 정민호 박치우 한민아 이민경 박진희 정경주 정유선 김수인
브랜딩 함유지 함근아 박민재 김희숙 고보미 정승민
제작 강신은 김동욱 임현식

펴낸곳 ㈜글항아리 | 출판등록 2009년 1월 19일 제406-2009-000002호

주소 10881 경기도 파주시 심학산로 10 3층
전자우편 bookpot@hanmail.net
전화번호 031) 955-8869(마케팅) 031) 941-5157(편집부)
팩스 031) 941-5163

ISBN 979-11-6909-097-1 93380

* 이 책의 수익금 전액은 동자동공공주택사업추진주민모임에 후원됩니다.
* 잘못된 책은 구입하신 서점에서 교환해드립니다. 기타 교환 문의 031) 955-2661, 3580

www.geulhangari.com